HANYANG KOREAN #2
WRITING PRACTICE

한양 한국어 2 쓰기 연습

한양대학교 국제어학원 편

한양 한국어는
외국인과 재외동포를 위한 한국어 통합 교재이다
이 책은 한국어 학습자들이 어휘와 문법 관용 표현을 배우고
듣기 말하기 읽기 쓰기 등의 통합 활동을 통해 의사소통 능력을 기르는 데 목표를 두었다

BY THE HANYANG UNIVERSITY INTERNATIONAL LANGUAGE INSTITUTE

한양대학교 출판부

HANYANG KOREAN 2
WRITING PRACTICE

By the Hanyang University International Language Institute
Textbook Committee: Yumi Lee, Youngsook Lee, Jahyun Cho
Planner: Iksang Eom

Published by Hanyang University Press
Add: #17 Haengdang-dong Seongdong-gu, Seoul, 133-791 Korea
Tel: 82-2-2220-1432~4
Fax: 82-2-2220-1435
http://www.press.hanyang.ac.kr
Email:presshy@hanyang.ac.kr

ISBN 978-89-7218-341-9 04710
ISBN 978-89-7218-339-6 [set]

머리말

세계에서 가장 많은 인구가 사용하는 언어는 중국어, 영어, 스페인 어이다. 한국어를 사용하는 인구는 전 세계에 약 7,500만 명 정도로 추산된다. 이는 일본어나 독일어보다는 적은 숫자지만, 프랑스 어보다는 약간 많은 수치로 세계에서 대략 11위권에 해당한다. 이는 GDP를 기준으로 한 한국의 경제력 순위와 비슷하다. 한국의 인구가 갑자기 늘어난 것은 아니지만, 세계에서 한국어를 배우는 인구는 빠른 속도로 늘고 있다. 이는 한국의 경제력과 문화 산업의 성장에 따른 결과이다. 이제 미국 대도시의 공항에서 한글 안내문을 보는 일은 신기한 일이 아니다. 한국어는 이제 미국의 대학입학시험인 SATⅡ의 한 과목이기도 하다. 일본 도쿄 지하철에는 역 이름이 한글로도 쓰여 있고, 중국에는 현재 30개도 넘는 대학에서 한국어학과를 개설하고 있다. 1992년 한 · 중 수교 이전에는 불과 네 개의 대학에서만 한국어를 가르쳤다. 그것도 조선어 라는 이름으로! 지금 산똥 해안지역에는 매년 1000-3000명 정도의 학생들이 한국어를 배우고 있는 대학도 있다. 러시아, 몽골, 베트남 등지에서의 한국어 열기 또한 더 이상 새로운 소식이 아니다. 그러고 보면, 한국어는 이제 세계 10위권의 주요 언어가 되었다.

이러한 변화에 따라 세계 각국에서 한국어를 배우러 한국에 오는 학생수도 급속히 늘어났다. 그러나 기존에 사용해 오던 외국인을 위한 한국어 교재는 다양한 지역에서 다양한 목적으로 한국어를 배우는 외국 학생들의 수요에 적절히 부응하지 못하는 경우가 많았다. 예를 들어 기존 교재들은 요즘 한국어를 듣는 학생 가운데 중국 학생들이 가장 많음에도 불구하고 영어권 학생들 위주로 구성되었거나, 진부한 표현과 내용 및 장황한 문법 설명을 포함하는 경우도 있었다. 따라서 한양대학교 국제어학원은 오랫동안 외국인에게 한국어를 가르쳐온 전임 교수들을 필진으로 하여 시중에 나와 있는 기존 교재의 문제점에서 탈피하여 내용과 형식면에서 전혀 새로운 교재를 편찬하였다. 제2언어교육의 최신 이론에 입각하여 주요 등장인물과 생동감 있는 상황을 설정하여 각과의 내용을 구성하였다. 학습의 효과를 극대화하기 위하여 전문가에게 의뢰하여 천연색 삽화 및 사진을 다량 수록하였다. 또 영어권 학습자는 물론, 중국어권과 일본어권 그리고 몽골어권 학습자를 위하여 문법 설명을 4개 국어로 구성하였다. 이제 현재 개발 중인 전체 총 6권 가운데, 첫권에 이어 두번째 권을 선보인다.

가장 좋은 외국인을 위한 한국어 교재를 집필하기 위하여 지난 몇 년 간 헌신적으로 노력해준 이유미, 이영숙, 조자현 교수와 한양대 국제어학원 출신 사진작가 까오밍(高明)군, 그리고 주말을 마다않고 제작을 도와준 최성환 과장 외 여러 직원들의 노고에 찬사를 보낸다. 내용과 형식에서 최고 품질의 한국어 교재를 편찬하려는 국제어학원의 의도를 전폭적으로 지지해 주신 김종량 총장님과 피종호 출판부장께도 감사드린다. 이제 한양대학교 국제어학원에서 편찬한 한국어 교재가 한국은 물론 해외에서 한국어를 배우고자 하는 학생들에게 가장 사랑받는 교재가 되기를 기대한다. 아울러 이 책으로 공부하는 모든 학생들이 가장 쉽고, 재미있고, 정확하고 유창하게 한국어를 배워서 앞으로 한국과 자신의 국가 간에 경제와 문화 교류의 훌륭한 메신저 역할을 할 수 있기를 기원한다.

2008년 5월 25일
한양대학교 국제어학원장
교수 엄 익 상

차 례

일러두기

〈한양 한국어2〉는 외국인과 재외동포를 위한 한국어 통합 교재이다. 이 책에서는 한국 생활을 처음 시작하는 이들이 어휘와 문법, 관용 표현을 통해 한국생활에 필요한 여러 가지 기능을 익히도록 하였다.

- **〈한양 한국어 2〉**는 주교재, 쓰기연습, 문법과 문형 풀이집(별책 부록), 듣기용 CD로 이루어져 있다.
- 총 15과로 이루어져 있으며, 각 과는 2개 항으로 구성하여 총 30항으로 구성하였다.
- 단원명은 주제 중심으로 설정하였다.
- 이 교재는 수업 진행의 절차에 따라 준비, 어휘와 문법 연습, 대화문, 활동 (말하기, 듣기, 읽기와 쓰기)의 순으로 구성하였으며, 정리 및 확인 학습은 〈쓰기 연습〉에서 이루어지도록 하였다.
- **[준비]**에서는 사진을 통해 학습 목표와 단원에 대한 소개를 하도록 하였다.
- **[어휘와 문법]** 연습에서는 대화 형식을 통해 주제 안에서 어휘와 문법을 제시하고 연습하도록 하였다. 각 문법마다 영어, 중국어, 일본어와 몽골어로 문법이 설명되어 있는 별책의 쪽수를 표기해 놓아 쉽게 찾아볼 수 있도록 하였다.(☞ 英3 中23 日42 M52)
- **[대화문]**에서는 어휘와 문법 연습에서 보인 대화를 재구성하여 실생활에서 바로 응용할 수 있는 대화를 소개하였다.
- **[말하기]** 활동에서는 주제와 관련된 과제를 제시하여 발표와 회화 등 의사소통 능력을 기를 수 있도록 도왔으며, 좀 더 유창하고 다양하게 말할 수 있도록 유도하였다.
- **[듣기]** 활동에서는 각 단원에서 배운 기본 내용과 심화된 내용의 듣기 지문을 통하여 한국어 이해 활동을 도왔다.
- **[읽기와 쓰기]** 활동에서는 단원의 주제와 관련된 산문을 제시하여 주제와 내용의 폭을 넓혔으며, 읽기 텍스트는 작문 과제의 보기 글이 될 수 있도록 하였다.
- **〈쓰기 연습〉**을 별책으로 구성하여 주교재에서 배운 것을 최종적으로 정리하고 확인할 수 있도록 하였다. 이 책은 수업 시간에 교사와 학생들이 함께 공부할 수도 있고, 숙제로 활용할 수도 있다.
- 별책에서는 문법과 문형에 대한 풀이를 곁들였으며, 영어, 중국어, 일본어의 3개 국어로 번역하여 학습자들의 문법과 문형 이해를 도왔다.

이 책에서는 두 명의 외국 학생들이 한국 생활을 해 나가는 동안에 일어나는 일을 상황 중심의 대화문으로 구성하였다. 특히 준비와 대화문에서는 실제 주인공들의 사진을 중심으로 구성하여 교재 내용의 리얼리티를 살리도록 하였다. 그 밖의 페이지에서는 다양한 삽화를 통해 교재의 시각화에 노력을 기울였다. 또한 듣기용 CD를 제작하는 데에 있어 대화문과 듣기 활동 지문을 담아 학습자들이 혼자서 공부할 때 용이하도록 하였다.

제1과 소개 〈1〉

이름: ______________

1 '~ 전에'를 넣어서 다음 질문에 대답하십시오.

1) 가: 몇 시간 전에 한국어 수업이 끝났어요?
   나: ______________________________

2) 가: 방학이 며칠 전에 끝났어요? (하루, 이틀, 사흘 …… 열흘)
   나: ______________________________

3) 가: 다섯 달 전에 어디에서 무엇을 했어요?
   나: ______________________________

4) 가: 10년 전에 몇 살이었어요?
   나: ______________________________

5) 가: 얼마 전부터 한국어를 배웠어요?
   나: ______________________________

2 '-기 전에'를 넣어서 문장을 만드십시오.

1	영화를 보다	영화를 보**기 전에** 음료수를 샀어요.
2	한국에 오다	
3	수업을 듣다	
4	여행을 가다	
5	지하철을 타다	
6	고향에 돌아가다	

3 '~ 동안' 을 넣어서 다음 질문에 대답하십시오.

1) 가: 몇 달 동안 한국말을 공부했어요?

나: ____________________

2) 가: 지금까지 한국에서 얼마 동안 살았어요?

나: ____________________

3) 가: 오늘 학교에서 몇 시간 동안 한국말을 배웠어요?

나: ____________________

4) 가: 친구가 약속에 늦으면 몇 분 동안 기다려 줄 수 있어요?

나: ____________________

5) 가: 감기에 걸리면 보통 며칠 동안 아파요? (하루, 이틀, 사흘……)

나: ____________________

4 '-는 동안' 을 넣어서 다음 질문에 대답하십시오.

1) 가: 언제 이렇게 한국 요리를 배웠어요?

나: 한국에서 (살다) ____________________

2) 가: 한국에 있는 동안 무엇을 해 보고 싶어요?

나: ____________________

3) 가: 방학을 해서 쉬는 동안 무엇을 했어요?

나: ____________________

4) 가: 비행기를 기다리는 동안 무엇을 할까요?

나: ____________________

5) 가: 지난 학기에 한국어를 공부하는 동안 무엇이 제일 어려웠어요?

나: ____________________

5 다음에서 알맞은 단어를 골라 문장을 완성하십시오.

자기소개	학기	수업	방학	아르바이트
하루/ 이틀/ 사흘	앞으로	새로		

1) 저는 지난 __________에 매일 학교에 열심히 다녔습니다.

2) 오늘 수업을 시작하기 전에 초급 2반 교과서를 __________ 샀어요.

3) 한국어 공부가 다 끝나고 __________을/를 하면 여행을 갈 겁니다.

4) 월요일부터 화요일까지 __________ 동안 학교에 가지 못했습니다.

5) 오늘 처음 만난 선생님과 친구들 앞에서 __________을/를 했습니다.

6) 주말에는 __________이/가 없어서 학교에 가지 않고 집에서 쉽니다.

7) 이번 학기에 돈을 많이 써서 방학 동안 __________을/를 하려고 합니다.

8) 한국생활이 처음이어서 모르는 것이 많으니까 __________ 많이 도와주세요.

6 다음 단어를 넣어서 문장을 만드십시오.

1	지내다:
2	다니다:
3	생각하다:
4	부탁하다:
5	복습하다:
6	시작하다:
7	시작되다:
8	잊어버리다:

다음을 넣어서 여러분의 방학 이야기를 써 보십시오.

학기 수업 방학
하루/이틀/사흘/나흘……
갔다 오다 여행하다

~ 전에 -기 전에
~ 동안 -는 동안

제1과 소개 〈2〉

이름: ____________

1 **'~ 후에'를 넣어서 다음 질문에 대답하십시오.**

1) 가: 지금부터 두 시간 후에 무엇을 할 거예요?
   나: ____________

2) 가: 일요일이 며칠 후예요? (하루, 이틀, 사흘, 나흘, 닷새 ……)
   나: ____________

3) 가: 생일이 언제예요? 몇 달 후에 생일이에요?
   나: ____________

4) 가: 몇 년 후에 결혼을 할 거예요?
   나: ____________

5) 가: 이번 학기가 몇 월 며칠에 끝나요? 얼마 후에 끝나요?
   나: ____________

2 **'-(으)ㄴ 후에'를 넣어서 문장을 만드십시오.**

1	아침에 일어나다	아침에 일어**난 후에** 우유를 마셔요.
2	친구를 만나다	
3	점심식사를 하다	
4	한국어를 배우다	
5	방학이 끝나다	
6	고향에 돌아가다	

3 다음 보기에서 알맞은 말을 골라 문장을 완성하십시오.

① -께서	② -이/가

1) 할머니__________ 식사를 하십니다.
2) 할아버지__________ 지금 안방에 계십니다.
3) 남동생__________ 우유를 마십니다.
4) 어머니__________ 텔레비전을 보십니다.
5) 여동생__________ 학교에 갔습니다.
6) 아버지__________ 누나에게 말씀하십니다.

4 높임말을 써서 다음 문장을 바꾸십시오.

선생님/ 교실/ 있다 ⇒ 선생님**께서** 교실에 **계세요.**

1) 할머니/ 방/ 자다 ⇒ ______________________________
2) 할아버지/ 과일/ 먹다 ⇒ ______________________________
3) 저 사람/ 사장님이다 ⇒ ______________________________
4) 아버지/ 나이/ 쉰다섯이다 ⇒ ______________________________
5) 할아버지/ 생일/ 월요일이다 ⇒ ______________________________
6) 작년/ 할머니/ 죽었다 ⇒ ______________________________
7) 할머니/ 말했다/ ⇒ ______________________________
8) 선생님/ 이름/ 김성수이다 ⇒ ______________________________

5 다음에서 알맞은 단어를 골라 문장을 완성하십시오.

높임말 부모님 연세 생신 성함
스물/ 서른/ 마흔 올해 바로

1) 우리 할아버지께서는 __________이/가 일흔 아홉이세요.

2) 연세가 많으신 분을 만나면 꼭 __________을/를 써야 해요.

3) 우리 __________께서는 5년 동안 사귄 후에 결혼을 하셨습니다.

4) 이번 학기 우리 반 선생님의 __________은/는 김정희입니다.

5) 오늘 이사를 해야 하니까 수업이 끝난 후에 __________ 집에 갈 거예요.

6) 오늘이 할머니 __________이어서 집에 가기 전에 케이크와 선물을 사야 해요.

7) 제 동생은 열여덟 살이고 저는 __________ 살이에요. 제가 두 살 더 많아요.

8) 저는 작년 12월부터 __________ 2월까지 3개월 동안 한국어를 배웠어요.

6 다음 단어를 넣어서 문장을 만드십시오.

1	즐겁다:
2	사귀다:
3	드시다:
4	건강하다:
5	갔다 오다:
6	돌아가시다:
7	말씀하시다:
8	생각이 나다:

다음을 넣어서 여러분의 가족을 소개하십시오.

연세	성함
생신	직업
건강	결혼

-께서	-(으)시-
~ 후에	-(으)ㄴ 후에
~ 동안	-는 동안

제2과 초대 〈1〉

이름: ______________

1 **'-께' 를 넣어서 다음 질문에 대답하십시오.**

1) 가: 내일이 아버지 생신인데 아버지께 무슨 선물을 드리면 좋을까요?
   나: ______________________________

2) 가: 언제 선생님께 전화를 드릴 거예요?
   나: ______________________________

3) 가: 수업시간에 모르는 것이 있으면 누구한테 질문을 해요?
   나: ______________________________

4) 가: 어려운 일이 있으면 누구한테 부탁을 할 거예요?
   나: ______________________________

5) 가: 휴대폰을 산 후에 누구한테 전화번호를 가르쳐 줬어요?
   나: ______________________________

2 **'-께' 를 넣어서 문장을 만드십시오.**

1	초대를 받다	어제 지난 학기 선생님**께** 초대를 받았어요.
2	한국어를 배우다	
3	선물을 받다	
4	전화를 받다	
5	이야기를 듣다	
6	편지를 받다	

3 '-(이)나' 를 넣어서 다음 질문에 대답하십시오.

가: 친구들을 언제 집에 초대할 거예요? 나: 이번 주 토요일**이나** 일요일에 초대할 거예요.

1) 가: 제 친구가 다음 달에 결혼을 하는데 무엇을 선물하면 좋을까요?

나: ______________________________

2) 가: 오늘 수업이 끝난 후에 어디에서 점심을 먹을 거예요?

나: ______________________________

3) 가: 방학을 하면 어디로 여행을 가고 싶어요?

나: ______________________________

4) 가: 무슨 음료수를 드릴까요?

나: ______________________________

5) 가: 학교에 보통 무엇으로 와요?

나: ______________________________

6) 가: 집에 손님들을 초대했는데 무슨 음식을 준비하면 좋을까요?

나: ______________________________

7) 가: 저녁에 무슨 영화를 보고 싶어요?

나: ______________________________

8) 가: 운동을 하고 싶은데 무슨 운동을 하면 좋을까요?

나: ______________________________

4 다음에서 알맞은 단어를 골라 문장을 완성하십시오.

결혼식	돌잔치	주인/ 손님	친척
인형	운동화	음료수	보통

1) 그 식당은 음식이 맛있어서 날마다 ___________이/가 아주 많아요.

2) 여자아이들은 예쁜 ___________(이)나 옷을 선물받으면 아주 좋아해요.

3) 내일은 다 같이 축구를 할 거니까 ___________을/를 신고 오세요.

4) ___________이/가 끝난 후에 바로 제주도로 신혼여행을 갈 거예요.

5) 요즘 사람들은 편지를 쓰지 않고 ___________ 전화나 이메일을 해요.

6) 집에 ___________이/가 없어서 슈퍼마켓에 가서 주스하고 콜라를 샀어요.

7) 제 조카는 1년 전에 태어났는데 오늘이 조카 생일이어서 ___________을/를 해요.

8) 할머니 생신잔치에 _________들이 많이 왔어요. 고모, 삼촌도 오고 사촌들도 왔어요.

5 다음 단어를 넣어서 문장을 만드십시오.

1	켜다:
2	사가다:
3	드리다:
4	선물하다:
5	축하하다:
6	초대하다:
7	초대를 받다:
8	시간을 보내다:

다음을 넣어서 여러분 나라의 특별한 생일 이야기를 써 보십시오.

생일파티 생신잔치 초대하다 초대를 받다 선물하다 선물을 받다	–에게/께 주다/드리다 –(이)나 –기 전에 –(으)ㄴ 후에

제2과 초대 〈2〉

이름: ________________

1 '~ 같다' 를 넣어서 질문에 대답하십시오.

가: 하숙집 아주머니께서 요리를 잘하세요?
나: 네, 아주머니께서는 정말 요리사 **같아요**.

1) 가: 제니 씨가 노래를 그렇게 잘해요?
   나: 네, 제니 씨는 정말 ________________________________

2) 가: 한솔 씨가 그렇게 머리가 좋아요?
   나: 네, 한솔 씨는 진짜 ________________________________

3) 가: 마이클 씨가 수영을 잘하지요?
   나: 네, 마이클 씨는 정말 ________________________________

2 '-처럼' 을 넣어서 다음과 같이 문장을 만드십시오.

우리 선생님은 운동을 아주 잘하세요. 운동선수 같아요.
⇒ 우리 선생님은 운동선수**처럼** 운동을 잘하세요.

1) 제 친구는 한국말을 아주 잘해요. 한국사람 같아요.
   ⇒ 제 친구는 ________________________________

2) 우리 아버지는 키가 크세요. 저도 우리 아버지하고 키가 똑같아요.
   ⇒ 저도 ________________________________

3) 서울하고 뉴욕은 비슷해요. 두 도시는 모두 사람이 아주 많아요.
   ⇒ 서울도 ________________________________

4) 원숭이는 사람하고 비슷해요. 서서 걸을 수 있어요.
   ⇒ 원숭이는 ________________________________

3 -게' 를 넣어서 다음 질문에 대답하십시오.

> 가: 지난 주말에 어떻게 지냈어요?
> 나: 친구들하고 놀이공원에 가서 아주 신나**게** 놀았어요.

1) 가: 겨울에는 옷을 어떻게 입어야 해요?
   나: 겨울에는 옷을 ______________________________
2) 가: 제가 사진을 찍어 드릴까요?
   나: 네, 사진을 ______________________________
3) 가: 우리 반에서 누구하고 친하게 지내고 싶어요?
   나: 우리 반에서 ______________________________
4) 가: 아침에 반갑게 인사한 사람이 누구였어요?
   나: ______________________________
5) 가: 한국에서 아주 맛있게 먹은 음식이 뭐였어요?
   나: ______________________________
6) 가: 오늘 옆에 앉은 친구가 누구였어요? 그 친구가 옷을 어떻게 입고 왔어요?
   나: ______________________________

4 다음 빈칸에 알맞은 말을 넣어서 가족을 소개해 보십시오.

1) 우리 아버지는 __________처럼 ______________________________
2) 우리 어머니는 __________처럼 ______________________________
3) 제 ______은/는 ________처럼 ______________게 ______________
4) 제 ______은/는 ________처럼 ______________게 생겼어요.

5 다음에서 알맞은 단어를 골라 문장을 완성하십시오.

얼굴	천사	천재	영화배우	모델
코미디언	호랑이	집들이		

1) 우리 할아버지께서는 __________처럼 무서워요.

2) 제 동생은 __________이/가 아주 크고 동그랗게 생겼어요.

3) 그 분은 마음이 __________처럼 착해서 항상 어려운 사람들을 도와줘요.

4) 한국에서는 이사를 한 후에 사람들을 초대해서 __________을/를 해요.

5) 우리 오빠는 __________처럼 머리가 똑똑해서 공부를 정말 잘해요.

6) 그 영화에 제가 좋아하는 __________이/가 나오니까 꼭 볼 거예요.

7) 제 남자친구는 이야기를 너무 재미있게 해서 __________ 같아요.

8) 저도 __________처럼 키가 크고 날씬하면 정말 좋겠어요.

6 다음 단어를 넣어서 문장을 만드십시오.

1	착하다:
2	친하다:
3	신나다:
4	느리다:
5	똑같다:
6	비슷하다:
7	이상하다:
8	마음이 넓다:

7 여러분이 좋아하는 사람이나 동물을 그리고 쓰십시오.

얼굴 눈 코 입 귀 머리 허리 다리 팔 발 손 목 몸	–게 생기다 –처럼 생기다

다음을 넣어서 초대받은 이야기를 써 봅시다.

잔치 집들이 초대하다 초대를 받다	–처럼 –게 –는 동안 –기 전에 –(으)ㄴ 후에

제3과 여행 〈1〉

이름: ______________

1 '-(으)ㄴ 적이 있다/없다'를 넣어서 다음 질문에 대답하십시오.

> 가: 한복을 입어 **본 적이 있어요?**
> 나: 네, 한복을 입어 **본 적이 있어요.**

1) 가: 한국 영화를 ______________________________?

   나: 네, 지난 주에 한국 영화를 봤어요.

2) 가: 스페인 어를 배워 본 적이 있어요?

   나: 아니요, ______________________________

3) 가: 친구를 한 시간 동안 기다려 본 적이 있어요?

   나: ______________________________

4) 가: 남자친구/여자친구를 사귀어 본 적이 있어요?

   나: ______________________________

5) 가: 배낭여행을 해 본 적이 있어요?

   나: ______________________________

2 한국에서 무엇을 해 봤어요? 무엇을 안 해 봤어요? 다음과 같이 써 보십시오.

1	가다	설악산에 가 **본 적이 있어요.**	제주도에 가 **본 적이 없어요.**
2	먹다		
3	만나다		
4	하다		

3 다음 보기에서 알맞은 말을 골라 문장을 완성하십시오.

쉬워지다/어려워지다	커지다/작아지다	재미있어지다/재미없어지다
따뜻해지다/추워지다	좋아지다/나빠지다	많아지다/적어지다

1) 가: 한국은 아직 겨울이에요?

   나: 아니요, 요즘 봄이어서 날씨가 많이 ____________________

2) 가: 왜 이렇게 옷을 많이 사왔어요?

   나: 요즘 뚱뚱해져서 옷들이 다 ____________________

3) 가: 요즘 건강이 어때요?

   나: 전에는 건강이 나빴는데 요즘은 많이 ____________________

4) 가: 한국생활이 어떠세요? 아직도 재미없어요?

   나: 아니요, 한국어를 배운 후에 한국생활이 많이 ____________________

5) 가: 이번 학기에 숙제가 많이 어려워요?

   나: 네, 지난 학기에는 쉬웠는데 이번 학기에는 ____________________

6) 가: 요즘도 한국 친구가 없어요?

   나: 아니요, 처음에는 한국 친구가 없었는데 요즘은 ____________________

4 한국에 와서 달라진 것을 '-어/아지다'를 넣어서 쓰십시오.

1	한국에 온 후에 밥을 많이 먹어서 뚱뚱**해졌어요.**
2	
3	
4	
5	

5 다음에서 알맞은 단어를 골라 문장을 완성하십시오.

여행사	섬	단풍	세계	경험	요금
식비/ 차비/ 숙박비		봄/ 여름/ 가을/ 겨울			

1) 저는 앞으로 ___________ 여러 나라를 여행해 보고 싶어요.

2) ___________에 전화해서 물어보면 여행을 싸게 갈 수 있을 거예요.

3) 한국에 와서 생활하는 동안 새로운 ___________을/를 많이 했습니다.

4) 봄에는 꽃구경을 하러 가고 가을에는 ___________ 구경을 하러 갑니다.

5) 올해부터 교통비가 비싸졌는데 지하철 ___________은/는 1,000원입니다.

6) 여행하는 동안 비싼 음식을 많이 먹어서 ___________이/가 많이 들었습니다.

7) 제주도는 한국의 남쪽에 있는 ___________인데 바다가 아주 아름답습니다.

8) ___________에는 날씨가 더우니까 바다에 놀러 가는 사람들이 많습니다.

6 다음 단어를 넣어서 문장을 만드십시오.

1	떠나다:
2	유명하다:
3	부족하다:
4	돈이 들다:
5	돈을 벌다:
6	꿈을 꾸다:
7	잃어버리다:
8	거짓말을 하다:

다음을 넣어서 여러분이 가 본 재미있는 여행 이야기를 써 보십시오.

식비/ 차비/ 숙박비 떠나다 도착하다 준비하다 돈이 들다	-(으)ㄴ 적이 있다 -어/아지다 -는 동안 -기 전에 -(으)ㄴ 후에

제3과 여행 〈2〉

이름: ____________

1 '-거나'를 넣어서 다음과 같이 질문에 대답하십시오.

> 가: 주말에는 보통 뭘 하세요?
> 나: 주말에는 보통 등산을 하**거나** 집에서 텔레비전을 봐요.

1) 가: 다음 주부터 여름방학인데 방학에 뭘 할 거예요?
   나: ________________________________

2) 가: 한국어 공부가 끝나면 뭘 할 거예요?
   나: ________________________________

3) 가: 여자친구/남자친구를 만나면 보통 무엇을 해요?
   나: ________________________________

4) 가: 돈이 없으면 어떻게 해요?
   나: ________________________________

5) 가: 무엇을 하면 기분이 좋아요?
   나: ________________________________

6) 가: 친구들하고 친해지려면 어떻게 해야 돼요?
   나: ________________________________

7) 가: 나중에 돈을 많이 벌면 무엇을 할 거예요?
   나: ________________________________

8) 가: 듣기 연습을 하고 싶은데 어떻게 하면 좋을까요?
   나: ________________________________

2 '-어/아야 되다'를 넣어서 다음과 같이 질문에 대답하십시오.

> 가: 내일 같이 백화점에 갑시다.
> 나: 미안해요. 내일은 집에서 숙제를 **해야 돼요.**

1) 가: 교실에서 담배를 피워도 돼요? (밖으로 나가다)
   나: 안 돼요. 담배를 피우려면 ______________________

2) 가: 어제 옷을 샀는데 너무 작아요. (입어 보다)
   나: 옷을 사기 전에 꼭 ______________________

3) 가: 이번 주말에 북한산에 갈까요?
   나: 미안해요. 저는 이번 주말에 ______________________

4) 가: 선생님 댁에 어떻게 가요?
   나: 선생님 댁에 가려면 지하철을 ______________________

5) 가: 여행을 가기 전에 무엇을 준비해야 돼요?
   나: 여행을 가려면 ______________________

6) 가: 시험을 잘 보려면 어떻게 해야 돼요?
   나: 시험을 잘 보려면 ______________________

3 학교생활을 잘 하려면 어떻게 해야 됩니까? 다음과 같이 써 봅시다.

1	선생님 말씀을 잘 들**어야 돼요.**	학교에 늦게 오**지 말아야 돼요.**
2		
3		
4		
5		

4 다음 보기에서 알맞은 단어를 골라 문장을 완성하십시오.

해외여행	국내여행	고속버스	여권	객실
바닷가	__박__일	미리		

1) 호텔에 __________이/가 없어서 방을 예약할 수 없었어요.

2) 주말에 영화를 보려면 영화표를 __________ 예매해야 돼요.

3) 금요일부터 일요일까지 __________ 동안 여행을 갔다 오려고 해요.

4) 다음 주에 __________에 놀러 가는데 가기 전에 수영복을 사야 돼요.

5) 한국에서 기차는 많이 타 봤지만 __________은/는 타 본 적이 없어요.

6) 다음 주에 유럽으로 배낭여행을 가니까 __________을/를 만들어야 돼요.

7) 다른 나라에 가 본 적이 없어서 이번에 꼭 __________을/를 하고 싶어요.

8) 외국으로 여행을 가고 싶었지만 돈이 부족해서 그냥 __________을/를 했어요.

5 다음 단어를 넣어서 문장을 만드십시오.

1	출발하다:
2	도착하다:
3	예약하다:
4	예매하다:
5	이용하다:
6	민박하다:
7	한잔하다:
8	가지고 가다:

6 예약과 예매를 한 적이 있습니까? 대화문을 만들어 보십시오.

가:

나:

가:

나:

가:

나:

여러분 나라에서 어디로 여행을 가면 좋아요? 다음을 넣어서 소개하십시오.

식비　차비　숙박비　___박 ___일　교통
호텔　여관　민박　예약하다　예매하다
이용하다　돈이 들다　시간이 걸리다

-(으)려면
-(이)나　-거나
-어/아야 되다

제4과 취미 〈1〉

이름: ______________

1 다음을 넣어서 질문에 대답하십시오.

① ~ 때	② -(으)ㄹ 때	③ -었/았을 때

1) 가: 작년 크리스마스 때 누구하고 어디에서 무엇을 했어요?

나: ______________________________

2) 가: 이번 방학 때 무엇을 하고 싶어요?

나: ______________________________

3) 가: 시간이 있을 때 무엇을 해요?

나: ______________________________

4) 가: 지금까지 사는 동안 언제 제일 행복했어요?

나: ______________________________

5) 가: 한국에서 생활하는 동안 언제 제일 힘들었어요?

나: ______________________________

6) 가: 오늘 아침에 일어났을 때 몇 시였어요?

나: ______________________________

7) 가: 작년에 제일 재미있었을 때는 언제였어요?

나: ______________________________

8) 가: 어렸을 때 제일 친하게 지낸 친구가 누구였어요?

나: ______________________________

2 다음을 넣어서 문장을 완성하십시오.

1) 아침마다 ____________________

2) 주말마다 ____________________

3) 생일 때마다 ____________________

4) 심심할 때마다 ____________________

5) 고향 생각이 날 때마다 ____________________

3 다음에서 알맞은 말을 골라 질문에 대답하십시오.

언제든지	누구든지	무엇이든지	어디든지	얼마든지	어떤 음식이든지

1) 가: 어디로 등산을 갈까요?

   나: 저는 ____________다 괜찮아요.

2) 가: 지하철로 갈까요? 택시로 갈까요?

   나: 저는 다 괜찮으니까 ____________ 빨리 타고 갑시다.

3) 가: 우리 언제 여행을 갈까요?

   나: 저는 요즘 방학이니까 ____________ 괜찮아요.

4) 가: 저는 한국 사람이 아닌데 그 회사에서 일할 수 있을까요?

   나: 한국어를 잘하면 ____________ 일할 수 있어요.

5) 가: 돈이 없는데 조금만 빌려 주실 수 있어요?

   나: 걱정하지 마세요. ____________ 빌려 드릴게요.

6) 가: 이거 아주 매운데 먹을 수 있겠어요?

   나: 물론이에요. 저는 ____________ 다 잘 먹어요.

4 다음에서 알맞은 단어를 골라 문장을 완성하십시오.

동아리	등산	낚시	영화 감상	독서
우표 모으기	모임	데이트		

1) 저는 시간이 있을 때마다 영화를 봐요. 제 취미는 __________이에요.

2) 제 형은 책 읽는 것을 좋아해서 집에 있을 때 항상 __________을/를 해요.

3) 저는 __________을/를 좋아해서 주말마다 친구들하고 산에 올라가요.

4) 지난 주말에 강에 __________을/를 하러 갔는데 물고기를 많이 잡았어요.

5) 저는 여러 나라의 우표를 많이 모았어요. __________이/가 제 취미예요.

6) 오늘 오후 다섯 시에 회사 직원들 __________이/가 있어서 가야 돼요.

7) 이번 주말에 남자친구하고 __________을/를 할 때 놀이공원에 갈 거예요.

8) 대학교 때 음악을 좋아하는 친구들과 음악 감상 __________을/를 만들었어요.

5 다음 단어를 넣어서 문장을 만드십시오.

1	기쁘다:
2	슬프다:
3	모이다:
4	화가 나다:
5	데리고 가다:
6	나가다/ 나오다:
7	들어가다/ 들어오다:
8	(나이가) 어리다:

여러분은 무슨 동아리를 만들고 싶어요? 그림을 그리고 소개해 봅시다.

등산 낚시 운동 독서
여행 음악 감상 영화 감상
우표 모으기 모임시간/장소

-마다
-(으)ㄹ 때
-(이)든지

동아리 이름 :

제4과 취미 〈2〉

이름: ______________

1 다음을 넣어서 질문에 대답하십시오.

① -고 있다　　② -고 있었다

1) 가: 지금 무엇을 하고 있어요?
   나: 저는 지금 ______________________________
2) 가: 무엇을 하고 있을 때 제일 기분이 좋아요?
   나: 저는 ______________________________
3) 가: 요즘 어디에 다니고 있어요? 무엇을 배우고 있어요?
   나: 요즘 ______________________________
4) 가: 어제 밤 12시에 무엇을 하고 있었어요?
   나: 그때 ______________________________
5) 가: 어제 저녁에 제가 전화했을 때 무엇을 보고 있었어요?
   나: 어제 저녁에 전화했을 때 ______________________________

2 지금 어떻게 하고 있어요? 다음을 넣어서 자신의 모습을 소개하십시오.

		저는 지금 ______을/를 ______고 있어요.
1	입다	
2	신다	
3	매다	
4	끼다	
5	쓰다	

3 '-(으)로' 를 넣어서 다음 질문에 대답하십시오.

1) 가: 두부는 무엇으로 만듭니까?

나: ________________

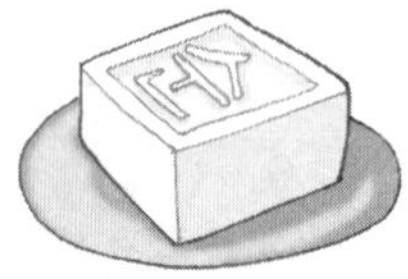

2) 가: 떡은 무엇으로 만듭니까?

나: ________________

3) 가: 빵은 무엇으로 만들어요?

나: ________________

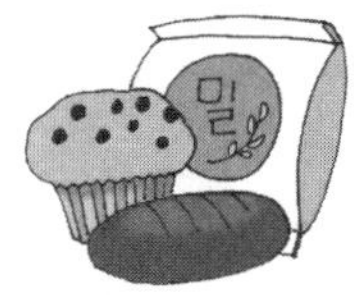

4) 가: 책상은 무엇으로 만들어요?

나: ________________

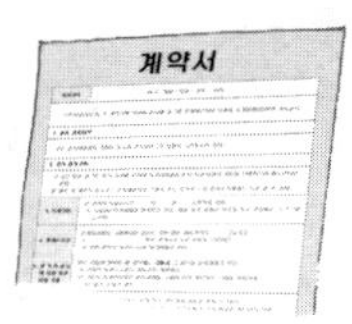

5) 가: 종이는 무엇으로 만들어요?

나: ________________

4 다음 요리는 어떻게 만들어요? 다음 단어를 넣어서 쓰십시오.

자르다	볶다	넣다	놓다	끓이다

	1	
	2	
	3	
〈라면〉	4	
	5	
	6	
	7	
〈볶음밥〉	8	

5 다음에서 알맞은 단어를 골라 문장을 완성하십시오.

청바지 넥타이 목걸이 장갑 쌀 밀가루 감자 당근 소금 설탕 프라이팬

1) 학교에 갈 때 보통 __________하고 티셔츠를 입는데 편해서 참 좋아요.
2) 겨울에는 추우니까 목도리도 하고 __________도 꼭 끼어야 돼요.
3) 여자친구가 귀고리하고 __________을/를 하고 왔는데 정말 예뻤어요.
4) 남자가 양복을 입고 __________을/를 매고 있을 때 제일 멋있어요.
5) 고향 음식을 만들었는데 __________을/를 많이 넣어서 너무 짜요.
6) 야채를 볶기 전에 먼저 __________에 기름을 조금 넣어야 돼요.
7) 떡은 __________(으)로 만들고 빵은 __________(으)로 만들어요.
8) 볶음밥을 만들 때 _________(이)나 _________ 같은 야채를 넣으면 맛있어요.

6 다음 단어를 넣어서 문장을 만드십시오.

1	끼다:
2	차다:
3	매다:
4	메다:
5	들다:
6	넣다:
7	볶다:
8	끓이다:

여러분 나라의 음식 중 하나를 골라서 요리 방법을 소개해 보십시오.

고기　야채　두부　계란　감자　당근　양파　오이
소금　설탕　간장　고추장　고춧가루　파　마늘　후추　기름
냄비　프라이팬　끓이다　볶다　자르다　넣다　놓다

음식 이름이 뭐예요?	
어느 나라 음식이에요?	
무엇으로 만들어요?	
어떻게 만들어요?	

제5과 학교 생활 〈1〉

이름: ____________

1 다음을 넣어서 질문에 대답하십시오.

① -이/가 필요하다	② -이/가 필요없다

1) 가: 친구가 어학원에 입학하고 싶어하는데 무슨 서류가 필요해요?

   나: ________________________________

2) 가: 언니가 제주도에 가고 싶어하는데 무엇이 필요해요?

   나: ________________________________

3) 가: 아파서 병원에 가려고 하는데 학생증이 필요해요?

   나: ________________________________

4) 가: 친구가 홍콩에 여행가고 싶어하는데 비자가 필요해요?

   나: ________________________________

5) 가: 외국인 등록증을 만들 때 여권이 필요해요?

   나: ________________________________

2 학교생활을 잘 하려면 무엇이 필요합니까? 필요한 것을 네 가지만 쓰십시오.

	학교생활을 잘 하려면 -이/가 필요해요
1	
2	
3	
4	

3 다음과 같이 질문에 대답하십시오.

> 가: 우리 반에서 누가 한국 노래를 배우**고 싶어해요?**
> 나: 요코 씨가 한국 노래를 배우**고 싶어해요.**

1) 가: 우리 반에서 누가 술을 마시고 싶어해요?
   나: ______________________________

2) 가: 우리 반에서 누가 여행을 하고 싶어해요?
   나: ______________________________

3) 가: 우리 반에서 누가 남자/여자친구를 사귀고 싶어해요?
   나: ______________________________

4) 가: 우리 반에서 누가 고향에 돌아가고 싶어해요?
   나: ______________________________

5) 가: 우리 반에서 누가 한국에 있는 대학교에 가고 싶어해요?
   나: ______________________________

4 다음 표를 보고 '-고 싶다/ 싶어하다'를 넣어서 알맞은 문장을 만드십시오.

	나	친구
1	머리를 자르고 싶다	머리를 기르고 싶다
2	자장면을 먹고 싶다	짬뽕을 먹고 싶다
3	축구를 하고 싶다	농구를 하고 싶다

1) 저는 머리를 자르고 싶은데 친구는 ______________________________

2) ______________________________

3) ______________________________

5 다음에서 알맞은 단어를 골라 문장을 완성하십시오.

서류	입학허가서	재학 증명서	졸업 증명서	신청서
등록금	외국인 등록증	출입국관리사무소		

1) 저는 외국사람이니까 ___________이/가 제 신분증이에요.

2) 다음 학기 재등록을 하려면 재등록 ___________을/를 쓰셔야 돼요.

3) 여권을 만들 때 여러 가지 필요한 ___________이/가 많을 거예요.

4) 비자를 바꾸거나 연장하려면 목동에 있는 ___________에 가야 돼요.

5) 한국에 있는 대학교에서 공부하려면 먼저 ___________을/를 받아야 돼요.

6) 다음 달에 ___________을/를 내야 하기 때문에 아르바이트를 해야 돼요.

7) 비자를 연장할 때 ___________을/를 가지고 가야 되니까 사무실에 신청하세요.

8) 회사에 취직하려면 대학교 성적 증명서와 ___________을/를 회사에 내야 돼요.

6 다음 단어를 넣어서 문장을 만드십시오.

1	내다:
2	입학하다:
3	졸업하다:
4	신청하다:
5	연장하다:
6	취직하다:
7	대화하다:
8	필요하다:

7 **다음을 할 때 무엇이 필요합니까? 필요한 서류를 다 쓰십시오.**

	처음 유학올 때	등록할 때
1		
2		
3		
4		
5		

오늘 학교에서 어떤 일이 있었습니까? 그 이야기를 써 보십시오.

–(으)ㄹ 때 –이/가 필요하다/ 필요없다 –고 싶어하다 –어/아야 되다

제5과 학교 생활 〈2〉

이름: ____________

1 다음을 넣어서 질문에 대답하십시오.

① ~ 때문에 ② -기 때문에 ③ -었/았기 때문에

1) 가: 왜 호텔에 방이 없어요?
   나: ______________________

2) 가: 어제 왜 잠을 못 잤어요?
   나: ______________________

3) 가: 친구하고 무엇 때문에 싸웠어요?
   나: ______________________

4) 가: 그 사람은 왜 그렇게 한국말을 잘해요?
   나: ______________________

5) 가: 김 선생님은 요즘 무엇 때문에 그렇게 바빠요?
   나: ______________________

2 다음을 넣어서 질문에 대답하십시오.

왜냐하면 ________(었/았)기 때문이에요.

1	왜 그 사람을 싫어해요?	
2	왜 그렇게 시험을 못 봤어요?	
3	왜 그렇게 술을 많이 마셨어요?	
4	왜 어제 전화를 안 받았어요?	

3 다음을 넣어서 대화를 완성하십시오.

① -지 그래요?	② -지 그랬어요?

1) 가: 심심한데 할 일이 없어요.

나: ______________________________

2) 가: 여행을 가고 싶은데 돈이 없어요.

나: ______________________________

3) 가: 저녁에 여자친구하고 데이트를 할 건데 뭘 하면 좋을까요?

나: ______________________________

4) 가: 내일이 어머니 생신인데, 무슨 선물을 사면 좋을까요?

나: ______________________________

5) 가: 학생증을 안 가지고 가서 도서관에 들어갈 수 없었어요.

나: ______________________________

6) 가: 다이어트를 해야 되는데 밥을 너무 많이 먹었어요.

나: ______________________________

7) 가: 친구들하고 여행을 가려고 했는데 늦게 일어나서 못 갔어요.

나: ______________________________

8) 가: 제가 약속을 지키지 않아서 친구가 많이 화가 났어요.

나: ______________________________

9) 가: 공부를 열심히 하지 않아서 시험을 너무 못 봤어요.

나: ______________________________

4 다음에서 알맞은 단어를 골라 문장을 완성하십시오.

선배	후배	재학생	유학생	언어교환
박물관	교통사고	공사		

1) 저는 한국에 와서 한국어를 공부하고 있는 외국 __________이에요.

2) 제니 씨가 1년 먼저 어학원에 입학했으니까 제니 씨는 제 __________예요.

3) 작년에 대학교를 졸업했으니까 이제 한양대학교 __________이/가 아니에요.

4) 저는 올해 대학교에 입학했기 때문에 아직 __________이/가 없어요.

5) 지하철 __________ 때문에 길이 막혀서 학교에 일찍 올 수 없었어요.

6) 술을 마시고 운전을 하면 __________이/가 날 거예요.

7) __________에 가면 한국의 옛날 문화를 알 수 있기 때문에 자주 가요.

8) 한국 친구하고 __________을/를 하면 한국말 연습을 할 수 있을 거예요.

5 다음 단어를 넣어서 문장을 만드십시오.

1	불편하다:
2	걱정이다:
3	이상하다:
4	지각하다:
5	출석하다:
6	결석하다:
7	고장이 나다:
8	감기에 걸리다:

다음을 넣어서 여러분의 학교 생활에 대해서 써 보십시오.

선배 후배 재학생 입학하다 졸업하다 유학하다 출석하다 결석하다 지각하다	–고 있다 –는 동안 –(으)ㄹ 때 ~ 때문에 –(었/았)기 때문에 왜냐하면 –(었/았)기 때문이에요.

제6과 시험 〈1〉

이름: ____________

1 **'-기 위해서'를 사용해서 다음 두 문장을 한 문장으로 만드십시오.**

1) (한국에서 일을 하다, 한국어를 배우다)

⇒ ____________

2) (고향에 돌아가다, 비행기표를 예매하다)

⇒ ____________

3) (돈을 벌다, 아르바이트를 하다)

⇒ ____________

4) (시험을 잘 보다, 밤 늦게까지 공부하다)

⇒ ____________

2 **다음을 넣어서 질문에 대답하십시오.**

① -을/를 위해서	② -기 위해서

1) 가: 고향에 돌아갈 때 부모님을 위해서 무슨 선물을 살 거예요?

나: ____________ 살 거예요.

2) 가: 앞으로 누구를 위해서 살 거예요?

나: ____________ 살 거예요.

3) 가: 왜 그렇게 열심히 시험공부를 해요?

나: ____________

4) 가: 왜 그렇게 열심히 돈을 벌어요?

나: ____________

3 다음과 같이 두 문장을 두 가지 반말로 바꿔서 써 보십시오.

① -어/아	② -다/니?/라/자
이게 뭐**야**? 내 선물**이야**?	이게 뭐**니**? 내 선물**이니**?

1) 저는 갑니다. 안녕히 계세요.

⇒ ① ______________________ ⇒ ② ______________________

2) 안녕히 주무세요. 좋은 꿈 꾸세요.

⇒ ① ______________________ ⇒ ② ______________________

3) 정말 미안합니다. 오래 기다렸어요?

⇒ ① ______________________ ⇒ ② ______________________

4) 내일 시험이 어려울 거예요. 열심히 공부하세요.

⇒ ① ______________________ ⇒ ② ______________________

5) 네, 됐어요. 앞으로 그렇게 하지 마세요.

⇒ ① ______________________ ⇒ ② ______________________

6) 그럽시다. 빨리 영화를 봅시다.

⇒ ① ______________________ ⇒ ② ______________________

4 '-구나' 를 써서 대화를 완성하십시오.

1) 가: 이 사람이 나하고 결혼할 사람이야. 어때?

나: 아주 ______________________________

2) 가: 오늘이 시험이어서 어제 다섯 시간 동안 공부를 했어.

나: 정말 ______________________________

3) 가: 할아버지, 제가 도와 드릴게요.

나: 정말 ______________________________

5 다음에서 알맞은 단어를 골라 문장을 완성하십시오.

중간시험	기말시험	단어	문법	반말
미래	곧	벌써		

1) 한국에서는 어른들께 ___________을/를 하면 안 돼.

2) 행복한 ___________을/를 위해서 지금부터 열심히 공부할 거야.

3) 혼자 공부할 때 모르는 ___________이/가 있으면 사전을 찾아 보면 돼.

4) 한 학기에 두 번 시험을 보는데 학기가 끝날 때 보는 시험은 __________(이)야.

5) ___________ 수업이 시작될 거니까 빨리 교실로 들어와.

6) 이번 학기도 ___________ 다 끝났어. 시간이 정말 빨리 간다.

7) 오늘 새로 배운 ___________은/는 너무 복잡해서 문장 만들기가 어려워.

8) 한 학기에 10주 동안 공부하는데 학기 시작하고 5주 후에 __________을/를 봐.

6 다음 단어를 넣어서 문장을 만드십시오.

1	묻다:
2	외우다:
3	연락하다:
4	노력하다:
5	세수하다:
6	걱정하다:
7	준비하다:
8	시험을 보다:

친구에게 반말로 편지를 써 보십시오.

-야/아 -어/아 -다/니?/라/자 -을/를 위해서 -기 위해서

받는 사람 이름	
받는 사람 주소	

__________에게

__________년 ____월 ____일

____

제6과 시험 〈2〉

이름: ____________

1 '-에 가는/오는 길에'를 넣어서 다음 질문에 대답하십시오.

1) 가: 여보세요, 지금 어디야? 어디에 가는 길이야?
   나: ______________________________

2) 가: 어제 전화했을 때 어디에 가는 길이었어?
   나: ______________________________

3) 가: 언제 우리 집에 올 거야? 학교에 가는 길에 올 거야?
   나: 아니, ______________________________

4) 가: 어제 집에 가는 길에 어디에 들렀어? 거기에서 무엇을 했어?
   나: ______________________________

5) 가: 오늘 학교에 오는 길에 누구를 만났어?
   나: ______________________________

2 다음과 같이 문장을 완성하십시오.

	-에 오는/ 가는 길에	-에 들러서	-을/를 했어요
1	집에 가는 길에	서점에 들러서	책을 샀어요.
2			
3			
4			
5			

3 다음을 넣어서 대화를 완성하십시오.

① -(으)ㄴ 모양이다	② -는 모양이다	③ -(으)ㄹ 모양이다

1) 가: 마이클 씨가 요즘 왜 계속 학교에 안 와요? (바쁘다)

나: ____________________

2) 가: 제니 씨가 아침부터 밥을 먹지 않아요. (배가 아프다)

나: ____________________

3) 가: 방안에 한솔 씨가 있는데 너무 조용해요. (잠을 자다)

나: ____________________

4) 가: 은영 씨가 전화를 받지 않아요. (집에 없다)

나: ____________________

5) 가: 왜 이렇게 밖이 시끄러워요? (사람들이 싸우다)

나: ____________________

6) 가: 왜 이렇게 길이 막혀요? (교통사고가 났다)

나: ____________________

7) 가: 성수 씨 방이 정말 깨끗하군요. (아침에 청소했다)

나: ____________________

8) 가: 요코 씨가 비행기표를 예매했어요. (여행을 갈 거다)

나: ____________________

9) 가: 존 씨가 술을 아주 많이 사왔어요. (파티를 할 거다)

나: ____________________

4 다음에서 알맞은 단어를 골라 문장을 완성하십시오.

시험지	시험문제	대화문	점수	성적
성적표	일등	장학금		

1) 시험을 봤는데 쓰기 ___________이/가 100점이어서 기분이 아주 좋았어.

2) ___________이/가 너무 어렵게 나와서 학생들이 다 시험을 못 봤어.

3) 시험을 잘 보고 학교에도 결석하지 않으면 ___________을/를 받을 수 있어.

4) 말하기 시험을 볼 때 친구하고 교과서에 있는 ___________을/를 외워야 돼.

5) 학기가 끝날 때마다 선생님께서 학생들한테 ___________을/를 주세요.

6) 대학교 ___________이/가 좋으면 좋은 회사에 취직할 수 있을 거야.

7) 이번 학기에는 시험을 잘 봐서 꼭 ___________을/를 하고 싶어.

8) 시험 시간에 다른 사람의 ___________을/를 보면 안 돼요.

5 다음 단어를 넣어서 문장을 만드십시오.

1	들르다:
2	맞다/틀리다:
3	수업을 듣다:
4	_____점을 맞다:
5	성적을 받다:
6	상을 받다:
7	화가 나다:
8	시험을 잘/ 못 보다:

공부를 잘 할 수 있는 여러 가지 방법에 대해서 쓰십시오.

말하기/ 듣기/ 읽기/ 쓰기	단어/ 문법
수업을 듣다	시험을 잘/ 못 보다
점수가 높다/ 낮다	성적이 좋다/ 나쁘다
장학금을 받다	____ 점을 맞다/ 받다

-을/를 위해서
-기 위해서
-어/ 아야 되다

제7과 만남 〈1〉

이름: ____________

1 **'~ 중에서 제일' 을 넣어서 다음과 같이 문장을 만드십시오.**

> 동물/ 빠른 동물
> ⇒ 동물 **중에서 제일** 빠른 동물은 치타입니다.

1) 운동/ 잘하는 운동

⇒ ____

2) 한국 노래/ 듣고 싶은 노래

⇒ ____

3) 요즘 텔레비전 프로그램/ 재미있는 프로그램

⇒ ____

4) 한식, 양식, 일식/ 맛있는 음식

⇒ ____

5) 영화배우/ 좋아하는 배우

⇒ ____

6) 한국어, 영어, 일어/ 어려운 말

⇒ ____

7) 지금까지 여행한 곳/ 아름다운 곳

⇒ ____

8) 우리 가족/ 뚱뚱한 사람

⇒ ____

2 다음을 넣어서 문장을 완성하십시오.

1) 세상에서 제일 좋아하는 사람은 ______________________

2) 우리 반에서 제일 친해지고 싶은 사람은 ______________________

3) 한국에서 살 때 제일 힘든 일은 ______________________

4) 한국에서 살 때 제일 재미있는 일은 ______________________

3 '~ 만에' 를 넣어서 다음과 같이 문장을 바꾸십시오.

> 고등학교 친구를 7년 전에 보고 오늘 처음 만났어요.
> ⇒ 고등학교 친구를 7년 **만에** 만났어요.

1) 한국에서 2년 동안 공부하고 오늘 고향에 돌아갑니다.

⇒ ______________________

2) 일주일 동안 여행을 했는데, 그동안 청소를 못해서 지금 청소하고 있어요.

⇒ ______________________

3) 고향 집에 일주일 동안 전화를 못 했는데, 오늘 아침에 전화했어요.

⇒ ______________________

4 '~ 만에' 를 넣어서 다음과 같이 문장을 만드십시오.

1	대학교 – 졸업하다 (5년)	대학교를 5년 **만에** 졸업했어요.
2	숙제 – 끝내다 (___ 시간)	
3	한 학기 – 끝나다 (___주일)	
4	밥 – 다 먹다 (___분)	
5	고향 – 도착하다 (___ 시간)	
6	여자/남자친구 – 헤어지다 (___ 달)	

5 다음에서 알맞은 단어를 골라 문장을 완성하십시오.

만남 첫사랑 졸업식 세상 계절
초등학교/ 중학교/ 고등학교 딱

1) 저는 ___________때 대학교에 입학하기 위해서 정말 열심히 공부했어요.

2) 선생님과의 ___________은/는 제 인생에서 제일 잊을 수 없는 일이에요.

3) 저는 아직까지 사랑을 해 본 적이 없기 때문에 ___________이/가 없어요.

4) 내일 제 친구 ___________이/가 있어서 축하해 주러 학교에 갈 거예요.

5) 집에 가는 길에 친구 만나서 맥주를 ___________ 한 잔만 마시고 갈게.

6) 한국에서는 보통 여덟 살 때 ___________에 입학해서 6년 동안 공부해요.

7) 제가 ___________에서 제일 사랑하는 사람은 부모님이에요.

8) 제가 제일 좋아하는 ___________은/는 봄이에요.

6 다음 단어를 넣어서 문장을 만드십시오.

1	잊다:
2	끝나다:
3	끝내다:
4	몰라보다:
5	헤어지다:
6	특별하다:
7	기억이 나다:
8	인기가 많다:

여러분이 찾고 싶은 첫사랑이나 친구, 선생님의 이야기를 써 보십시오.

초등학교 중학교 고등학교
선생님 선배 후배 첫사랑
만나다 헤어지다 기억이 나다 잊다

~ 중에서 제일
-에서 제일 ~ 만에
~ 때 -기 때문에

제7과 만남 〈2〉

이름: ____________

1 다음을 넣어서 질문에 대답하십시오.

① -어/아서 그래요	② -어/아서 그랬어요

1) 가: 왜 그렇게 힘이 없어요? 어디 아파요?
   나: 아니요, ____________________

2) 가: 왜 밥을 안 먹어요? 먹기 싫어요?
   나: 아니요, ____________________

3) 가: 왜 시험공부를 안 해요?
   나: ____________________

4) 가: 왜 한국 드라마를 좋아해요?
   나: ____________________

5) 가: 왜 오늘 학교에 늦게 왔어요? 늦게 일어났어요?
   나: 아니요, ____________________

6) 가: 왜 그 옷을 사지 않았어요? 옷이 안 예뻤어요?
   나: 아니요, ____________________

7) 가: 왜 남자/여자친구하고 헤어졌어요?
   나: ____________________

8) 가: 어제 왜 우리 집에 전화 안 했어요?
   나: ____________________

2 '-보다 더'를 넣어서 다음 질문에 대답하십시오.

1) 가: 버스가 빨라요? 지하철이 빨라요?

나: ______________________________

2) 가: 돈이 더 중요해요? 건강이 더 중요해요?

나: ______________________________

3) 가: 남자하고 여자는 뭐가 달라요?

나: ______________________________

4) 가: 애인하고 친구 중에서 누가 더 좋아요?

나: ______________________________

5) 가: 한국하고 고향 중에서 어디가 더 추워요?

나: ______________________________

6) 가: 산하고 바다 중에서 어디를 더 좋아해요?

나: ______________________________

3 다음과 같이 문장을 바꿔서 쓰십시오.

-보다 더 -(으)ㄴ/는 (것/곳/사람/일)은 없다
공부가 제일 재미있어요. ⇒ 공부**보다 더** 재미있**는 것은 없어요.**

1) 이 세상에서 네가 제일 예뻐. ⇒ ______________________

2) 너와 만나는 시간이 제일 행복해. ⇒ ______________________

3) 제 고향 경치가 제일 아름다워요. ⇒ ______________________

4) 가족이 이 세상에서 제일 중요해요. ⇒ ______________________

5) 혼자 밥 먹는 것이 제일 싫어요. ⇒ ______________________

4 다음에서 알맞은 단어를 골라 문장을 완성하십시오.

인생	이별	성격	자유	우정
즐거움	가장	별로		

1) 어학원에서 ___________ 친하게 지낸 친구가 내일 고향으로 돌아가요.

2) 결혼을 안 한 사람은 결혼한 사람보다 더 ___________이/가 많아.

3) 저는 남자친구하고 ___________이/가 안 맞아서 만날 때마다 싸워요.

4) 한국에 친구들이 많이 있어서 한국 생활이 ___________ 힘들지 않아요.

5) 사랑도 중요하지만 나한테는 친구하고의 ___________이/가 더 중요해.

6) 사람들은 보통 자기가 좋아하는 일을 하고 있을 때 ___________을/를 느껴.

7) 사람은 누구든지 사는 동안 한 번은 사랑하는 사람과 ___________을/를 해.

8) 그 사람은 ___________에서 돈이 제일 중요한 모양이야. 항상 돈만 생각해.

5 다음 단어를 넣어서 문장을 만드십시오.

1	외롭다:
2	느끼다:
3	중요하다:
4	위험하다:
5	반대하다:
6	성공하다:
7	후회하다:
8	가슴이 아프다:

인생에서 가장 중요한 것은 무엇일까요? 여러분의 생각을 써 보십시오.

인생	행복	사랑
일	공부	결혼
가족	친구	애인

~ 중에서 제일 –보다 더
무엇보다/ 누구보다
–보다 더 –(으)ㄴ/는 것은 없다
–기 때문에 –어/아서 그렇다

제8과 우체국 〈1〉

이름: ____________

1 누구하고 무슨 약속을 했습니까? 다음을 넣어서 맞게 쓰십시오.

		-기로 하다
1	누구를 만나기로 했어요?	
2	언제 만나기로 했어요?	
3	어디에서 만나기로 했어요?	
4	만나서 어디에 가기로 했어요?	
5	같이 뭘 하기로 했어요?	
6	같이 뭘 먹기로 했어요?	

2 앞으로 어떻게 하기로 했습니까? 다음 두 문장 중에서 하나를 쓰십시오.

술을 안 마시다/ 술을 많이 마시다

1) 날마다 숙제를 하다/ 일주일에 한 번 숙제를 하다

⇒ ____________________

2) 돈을 벌어서 고향에 보내다/ 돈을 벌어서 등록금을 모으다

⇒ ____________________

3) 이제부터 교실에서 말을 안 하다/ 이제부터 교실에서 말을 많이 하다

⇒ ____________________

4) 고향에 돌아가다/ 한국에 더 있다

⇒ ____________________

3 다음을 넣어서 질문에 대답하십시오.

보통우편 등기우편 국내특급우편 국제특급우편	-(으)로

1) 가: 외국으로 편지를 보낼 때 무슨 우편으로 보냈어요?
   나: 빨리 보내야 해서 ______________________________
2) 가: 대학교에 입학 서류를 부쳐야 하는데 무슨 우편으로 부치면 돼요?
   나: 중요한 서류를 부치시려면 ______________________________
3) 가: 손님, 무슨 우편으로 보내시겠어요?
   나: 모레까지 부산에 꼭 도착해야 하니까 ______________________________
4) 가: 이 소포를 다음 주까지 부쳐 주기로 했는데 무슨 우편으로 부치면 돼요?
   나: 아직 시간이 많이 있으니까 그냥 ______________________________

4 다음을 넣어서 질문에 대답하십시오.

① -(으)ㄹ 필요가 있다 ② -(으)ㄹ 필요가 없다

1) 가: 영화표를 꼭 예매해야 될까요?
   나: 월요일에는 사람이 많지 않으니까 ______________________________
2) 가: 숙제를 날마다 꼭 할 필요가 있을까요?
   나: ______________________________(으)니까 ______________________________
3) 가: 결혼을 꼭 할 필요가 있을까요?
   나: ______________________________(으)니까 ______________________________
4) 가: 한국에서 생활할 때 휴대폰을 꼭 살 필요가 있을까요?
   나: ______________________________(으)니까 ______________________________
5) 가: 편지를 보낼 때 꼭 우체국에 갈 필요가 있을까요?
   나: ______________________________(으)니까 ______________________________

5 다음에서 알맞은 단어를 골라 문장을 완성하십시오.

소포	엽서	우편번호	보통우편	등기우편
항공우편	국내특급우편	국제특급우편		

1) 여러 가지 우편 서비스 중에서 ___________이/가 요금이 제일 싸요.

2) ___________은/는 편지봉투를 쓸 필요가 없어서 편해요.

3) 카드를 다른 나라로 빨리 부치시려면 ___________(으)로 부치세요.

4) 받는 사람의 주소를 쓸 때 ___________도 쓰면 더 빨리 도착할 거예요.

5) 부모님께서 보내 주신 ___________에 제 겨울옷하고 신발들이 있었어요.

6) 중요한 서류나 편지를 보낼 때는 ___________(으)로 보내는 것이 좋아요.

7) 서울에서 제주도로 편지를 빨리 보내고 싶으면 ___________을/를 이용하세요.

8) 배보다 비행기가 더 빨리 도착하니까 ___________(으)로 보내기로 했어요.

6 다음 단어를 넣어서 문장을 만드십시오.

1	뛰다:
2	부치다:
3	정확하다:
4	결심하다:
5	결정하다:
6	도착하다:
7	줄을 서다:
8	부탁을 받다:

7 올해 여러분이 결심한 것이나 결정한 것을 써 보십시오.

	저는 올해 -기로 결심/ 결정했어요.
1	
2	
3	
4	
5	
6	

우체국에 가서 어떤 일을 해 본 적이 있습니까? 다음을 넣어서 쓰십시오.

편지봉투 편지지 우편번호 받는 사람의 주소/ 이름
보내는 사람의 주소/ 이름 우표 우체통 집배원
붙이다 부치다 넣다 배달하다

제8과 우체국 〈2〉

이름: ____________

1 '-이/가 아니라'를 넣어서 다음과 같이 질문에 대답하십시오.

> 가: 한국에서 제일 큰 도시가 부산이에요?
> 나: 아니요, 부산**이 아니라** 서울이에요.

1) 가: 지금 밖에 눈이 와요?
   나: 아니요, ______________________ 비가 와요.

2) 가: 이 음식은 한국 음식이에요?
   나: 아니요, ______________________

3) 가: 그 모자 정말 멋있다! 백화점에서 샀어?
   나: 아니, ______________________

4) 가: 어제 전화한 사람이 마이클 씨였어요?
   나: 아니요, ______________________

5) 가: 이번 주 토요일에 집들이를 하세요?
   나: ______________________ 다음 주 토요일이에요.

6) 가: 조금 전에 전화한 사람이 애인이야?
   나: 아니, ______________________ 오빠야.

7) 가: 요즘도 학교에서 한국어를 배우고 있어요?
   나: 아니요, ______________________ 영어를 배우고 있어요.

8) 가: 단어를 모르는데 사진 좀 빌려 주세요.
   나: 하하하, 그건 ______________________ 사전이에요.

9) 가: 학교에서 만난 사람이 존 씨하고 결혼할 사람이에요?
   나: 아니에요. ______________________

2 '-어/아하다'를 넣어서 다음과 같이 질문에 대답하십시오.

> 가: 친구들이 언제 제일 힘들**어해요**?
> 나: 친구들이 시험을 볼 때 제일 힘들**어해요**.

1) 가: 부모님께서 언제 제일 기뻐하셨어요?
   나: ______________________________

2) 가: 친구들이 언제 피곤해해요?
   나: ______________________________

3) 가: 선생님께서 언제 제일 즐거워하세요?
   나: ______________________________

4) 가: 친구들이 한국어 공부를 쉬워해요? 어려워해요? 왜 그래요?
   나: ______________________________

3 다음을 넣어서 축하 카드와 감사 카드를 써 봅시다.

-에게/께	-기를 바라다	-이/가	~ 올림/드림

4 다음에서 알맞은 단어를 골라 문장을 완성하십시오.

편지지	편지봉투	카드	답장	우체통
집배원	물건	전기요금/ 수도요금		

1) 편지나 소포를 배달해 주는 사람은 ___________이에요.

2) 여름에는 더워서 물을 많이 쓰니까 ___________이/가 많이 나와요.

3) 우체국에서 책이나 옷 같은 ___________을/를 보낼 때는 소포로 보내면 돼요.

4) 내일이 친구 생일이어서 생일 선물도 사고 축하 ___________도 썼어요.

5) 친구한테서 편지를 받았는데 바빠서 아직 ___________을/를 못 보냈어요.

6) 집에 오는 길에 예쁜 ___________을/를 사서 남자친구에게 편지를 썼어요.

7) 편지를 보낼 때 ___________에 받는 사람의 주소와 이름을 꼭 써야 돼요.

8) 집 근처에 ___________이/가 있어서 편지 부칠 때 우체국에 가지 않아도 돼요.

5 다음 단어를 넣어서 문장을 만드십시오.

1	붙이다:
2	바라다:
3	모자라다:
4	예금하다:
5	주문하다:
6	배달하다:
7	기억하다:
8	고장이 나다:

다음을 넣어서 부모님이나 선생님께 편지를 써 보십시오.

–께 그동안 잘 지내셨어요?
안녕히 계세요. _년 _월 _일 ~ 드림/ 올림

받는 사람	
첫 인사	
내 이야기	
다른 이야기	
끝인사	
날짜	
보내는 사람	

제9과 건강 〈1〉

이름: ____________

1 '-(으)로'를 넣어서 다음과 같이 바꿔 쓰십시오.

> 친구가 성적 문제 때문에 걱정하고 있어요.
> ⇒ 친구가 성적 문제**로** 걱정하고 있어요.

1) 비자 문제 때문에 대사관에 가야 해요.

⇒ ______________________________

2) 저는 병 때문에 오랫동안 학교에 가지 못했어요.

⇒ ______________________________

3) 여러 가지 일 때문에 고향에 가야 돼요.

⇒ ______________________________

4) 친구가 교통사고 때문에 병원에 있어요.

⇒ ______________________________

5) 이번 비 때문에 자동차가 고장났어요.

⇒ ______________________________

6) 무슨 일 때문에 오셨어요?

⇒ ______________________________

7) 감기 때문에 이틀 동안 고생했어요.

⇒ ______________________________

8) 요즘 집 문제 때문에 조금 힘들어요.

⇒ ______________________________

2 '-에 좋다/ 나쁘다'를 넣어서 다음 질문에 대답하십시오.

1) 가: 무엇이 건강에 좋아요? 무엇이 건강에 나빠요?

나: ______________________________

2) 가: 커피는 몸에 좋은 음식이에요?

나: ______________________________

3) 가: 감기에는 무엇이 좋아요?

나: ______________________________

4) 가: 변비에는 무엇이 좋아요?

나: ______________________________

5) 가: 다이어트에는 무슨 음식이 좋아요?

나: ______________________________

3 다음과 같을 때에는 어떻게 하는 것이 좋습니까? 문장을 완성하십시오.

① -이/가 좋다/ 나쁘다 ② -는 것이 좋다/ 나쁘다

1) 잠이 안 올 때에는 ______________________________

2) 스트레스가 쌓였을 때에는 ______________________________

3) 열이 날 때에는 ______________________________

4) 밥맛이 없을 때에는 ______________________________

5) 피부가 나빠졌을 때에는 ______________________________

6) 위장병이 생겼을 때에는 ______________________________

7) 배탈이 났을 때에는 ______________________________

4 다음에서 알맞은 단어를 골라 문장을 완성하십시오.

기침	두통	위장병	암	안약
내과	치과	습관		

1) 감기에 걸렸는데 열도 많이 나고 ___________도 많이 나와요.

2) 저희 할아버지께서는 ___________에 걸려서 일찍 돌아가셨어요.

3) 건강한 생활을 하려면 건강에 좋은 ___________을/를 가져야 돼요.

4) ___________ 때문에 위가 너무 아파서 매운 음식을 먹을 수 없어요.

5) 눈이 많이 아파서 눈에 ___________을/를 넣었는데 금방 좋아졌어요.

6) 오늘 점심 때부터 갑자기 이가 너무 아파서 ___________에 갔다 왔어요.

7) 시험 볼 때 ___________ 때문에 머리가 너무 아파서 시험을 잘 못 봤어.

8) 눈병이 났을 때는 안과에 가고 배탈이 났을 때는 ___________에 가면 돼요.

5 다음 단어를 넣어서 문장을 만드십시오.

1	낫다:
2	심하다:
3	고생하다:
4	열이 나다:
5	배탈이 나다:
6	기운이 없다:
7	주사를 맞다:
8	푹 쉬다/ 자다:

여러분은 아파서 고생한 적이 있습니까? 그 경험을 써 보십시오.

감기	두통	치통	눈병	위장병	피부병
기침	배탈	내과	치과	안과	이비인후과
나다	걸리다	심하다	고생하다	낫다	

–(으)로

여러분의 습관 중에서 건강에 좋은 습관과 나쁜 습관을 써 보십시오.

제9과 건강 〈2〉

이름: ____________

1 다음 보기에서 알맞은 말을 찾아 빈 칸에 쓰십시오.

보이다	들리다	열리다	닫히다	꺼지다
켜지다	막히다	팔리다	놓이다	걸리다

1) 엘리베이터가 3층에 왔습니다. 엘리베이터 문이 ____________

2) 라디오를 켭니다. 아름다운 노래 소리가 ____________

3) 거울을 봅니다. 거울 속에 예쁜 여자/잘 생긴 남자가 ____________

4) 바람이 불어서 문이 ____________

5) 학교에 올 때 길에 차가 많았어요. 길이 ____________

6) 방이 어두워서 불을 켭니다. 불이 ____________

7) 불이 났습니다. 소방관들이 불을 끕니다. 이제 불이 다 ____________

8) 요즘 우리 나라에서 한국의 자동차가 잘 ____________

9) 웨이터가 와서 음식을 놓습니다. 하나, 둘…… 음식이 계속 ____________

10) 새 휴대폰으로 전화를 겁니다. 전화가 잘 ____________

2 스트레스가 쌓이면 어떻게 하는 것이 좋습니까? 아래에 써 보십시오.

1	스트레스가 쌓이면 여행을 하는 것이 좋습니다.
2	
3	
4	
5	

3 다음과 같이 '-(으)면 -(으)ㄹ 텐데……'를 넣어서 대답하십시오.

① 은영 씨가 위장병이 빨리 나**으면 좋을 텐데**…….   ② 위장병이 나**으면** 맛있는 음식을 많이 먹을 수 있**을 텐데**…….

1) 가: 한솔 씨가 아르바이트 때문에 매일 바빠요.
   나: ____________________

2) 가: 마이클 씨가 아직 휴대폰이 없어요.
   나: ____________________

3) 가: 제니 씨가 아직 한국말을 잘 못해요.
   나: ____________________

4) 가: 은영 씨가 운동을 좋아하지 않아요.
   나: ____________________

4 다음과 같이 '-었/았으면 -었/았을 텐데……'를 넣어서 대답하십시오.

담배를 많이 안 피**웠으면** 건강이 나빠지지 않**았을 텐데**…….

1) 가: 제니 씨가 감기약을 안 먹어서 감기가 심해졌어요.
   나: ____________________

2) 가: 마이클 씨가 초콜릿 같은 단 음식을 많이 먹어서 뚱뚱해졌어요.
   나: ____________________

3) 가: 은영 씨가 비행기표를 미리 예매하지 않아서 여행을 갈 수 없었어요.
   나: ____________________

4) 가: 한솔 씨가 학교에 다닐 때 공부를 열심히 안 해서 졸업을 못 했어요.
   나: ____________________

5 다음에서 알맞은 단어를 골라 문장을 완성하십시오.

글씨 창문 벽 스트레스 목소리 귀신 불 피

1) 회사에 다니는 동안 ___________을/를 너무 많이 받아서 힘들었어요.

2) ___________을/를 열면 아름다운 바다가 보이는 곳에서 살고 싶어요.

3) 우리 반 마이클 씨는 한국어를 쓸 때 ___________이/가 정말 이상해요.

4) 어제 밤에 꿈을 꿨는데 꿈에 ___________이/가 나와서 너무 무서웠어요.

5) 제 친구는 ___________이/가 예뻐서 노래를 부르면 너무 듣기가 좋아요.

6) 회사 가는 길에 교통사고가 났는데 다리에서 ___________이/가 많이 났어.

7) 예쁜 시계를 사서 ___________에 걸었는데 아침에 시계가 떨어져서 깨졌어.

8) 방에 들어가서 ___________을/를 켰는데 안 켜져요. 고장난 모양이에요.

6 다음 단어를 넣어서 문장을 만드십시오.

1	보이다:
2	들리다:
3	끊기다:
4	꺼지다:
5	쌓이다:
6	막히다:
7	놀라다:
8	흔들리다:

기억에 남는 꿈 이야기를 써 보십시오.

꿈을 꾸다 보이다 들리다 켜지다 꺼지다
열리다 닫히다 걸리다 끊기다 놓이다
깨지다 쌓이다 떨어지다 흔들리다

제10과 날씨 〈1〉

이름: ____________

1 **'-(으)ㄹ 뻔하다'를 넣어서 다음과 같이 문장을 만드십시오.**

> (영화가 너무 슬프다, 울다)
> ⇒ 영화가 너무 슬퍼서 **울 뻔했어요.**

1) (길이 막히다, 학교에 지각하다)

⇒ ______________________________

2) (여권을 잃어버리다, 비행기를 못 타다)

⇒ ______________________________

3) (교통사고가 나다, 죽다)

⇒ ______________________________

4) (실수로 지하철을 잘못 타다, 인천까지 가다)

⇒ ______________________________

5) (태풍이 심하게 불다, 창문이 깨지다)

⇒ ______________________________

6) (눈길에서 미끄러지다, 다리를 다치다)

⇒ ______________________________

7) (비를 맞고 걷다, 감기에 걸리다)

⇒ ______________________________

2 '-다가'를 넣어서 다음과 같이 질문에 대답하십시오.

> 가: 왜 이렇게 집에 늦게 왔어? 집에 오다가 뭐 했어?
> 나: 집에 오**다가** 친구를 만나서 같이 밥을 먹었어요.

1) 가: 왜 오늘 학교에 지각했어? 학교에 오다가 뭐 했어?

나: ______________________________

2) 가: 왜 밖에 나가다가 다시 들어왔어? 무슨 일 있어?

나: ______________________________

3) 가: 아까 영화를 보다가 왜 갑자기 나갔어요?

나: ______________________________

4) 가: 어제 전화를 받다가 왜 갑자기 크게 웃었어요?

나: ______________________________

5) 가: 어제 집에 가다가 어디에 들러서 무엇을 했어요?

나: ______________________________

6) 가: 한국어 공부하다가 만난 친구 중에서 누구하고 제일 친해요?

나: ______________________________

7) 가: 어떻게 하다가 다리를 다쳤어요?

나: ______________________________

8) 가: 여자/남자친구를 처음에 어떻게 만났어요?

나: ______________________________

3 다음에서 알맞은 단어를 골라 문장을 완성하십시오.

일기예보	눈	비	구름	바람	천둥	번개
안개	태풍	눈길	사고			

1) 날씨를 알고 싶으면 __________을/를 들으세요.

2) 오늘은 __________이/가 많이 끼어서 날씨가 아주 흐려요.

3) 빗길에서 운전하다가 미끄러져서 큰 __________이/가 날 뻔했어요.

4) 어젯밤에 혼자 있을 때 _________도 치고 _________도 쳐서 너무 무서웠어.

5) 일본에서 올라오는 _________ 때문에 _________이/가 강하게 불겠습니다.

6) 구두를 신고 __________을/를 걷다가 미끄러져서 다리를 다칠 뻔했어요.

7) __________이/가 많이 끼면 앞이 안 보여서 위험하니까 운전하지 마세요.

8) _________ (이)나 _________이/가 내리면 길이 미끄러우니까 걸을 때 조심해.

4 다음 단어를 넣어서 문장을 만드십시오.

1	맑다/ 흐리다:
2	다치다:
3	위험하다:
4	조심하다:
5	다행이다:
6	미끄러지다:
7	비를 맞다:
8	물에 빠지다:

사고가 나거나 죽을 뻔한 일이 있었어요? 그 이야기를 써 보십시오.

비 눈 태풍 안개 빗길 눈길
위험하다 조심하다 사고가 나다
빠지다 미끄러지다 떨어지다 다치다

–다가
–(으)ㄹ 뻔했다

제10과 날씨 〈2〉

이름: ____________

1 다음을 넣어서 아래의 말을 다른 사람에게 전해 보십시오.

-께서	① -다고	② -(이)라고	③ -ㄴ/는다고	했어요
-이/가	④ -냐고	⑤ -(으)라고	⑥ -자고	물었어요

1) 김 선생님/ "오늘 정말 기분이 좋아요."/ 말씀하셨어요.

⇒ ____________________

2) 마이클 씨/ "밤마다 친구들하고 술을 마셔요."/ 했어요.

⇒ ____________________

3) 은영 씨/ "언제 한국에 왔어요?"/ 물었어요.

⇒ ____________________

4) 요코 씨/ "남자친구가 없어서 주말마다 심심해요."/ 말했어요.

⇒ ____________________

5) 한솔 씨/ "빨리 밥 먹으러 갑시다."/ 했어요.

⇒ ____________________

6) 존 씨/ "제니 씨는 피아노 치기를 좋아해요."/ 했어요.

⇒ ____________________

7) 조셉 씨/ "오늘 어디에 갈 거예요?"/ 물었어요.

⇒ ____________________

8) 올가 씨/ "지금 제일 보고 싶은 사람은 딸이에요."/ 했어요.

⇒ ____________________

9) 성수 씨/ "같이 노래방에 가고 싶으면 전화하세요."/ 했어요.

⇒ ______________________________

10) 야마다 씨/ "방 문제 때문에 힘들었어요."/ 말했어요.

⇒ ______________________________

11) 압둘라 씨/ "시험을 나중에 봅시다."/ 했어요.

⇒ ______________________________

12) 이 선생님/ "다른 수업이 있어서 빨리 가야 해요."/ 말했어요.

⇒ ______________________________

2 '-다고, -라고, -자고'를 넣어서 다음 질문에 대답하십시오.

1) 가: 밤에 잘 때 친구에게 뭐라고 말해요? ("잘 자.")

나: ______________________________

2) 가: 어제 친구를 만났을 때 친구가 뭐라고 말했어요? ("잘 지냈어?")

나: ______________________________

3) 가: 친구가 화가 났을 때 친구한테 뭐라고 말해야 돼요? ("미안해.")

나: ______________________________

4) 가: 오늘 아침에 일기예보에서 뭐라고 했어요?

나: ______________________________

5) 가: 어머니께 전화해서 뭐라고 할 거예요?

나: ______________________________

6) 가: 선생님께 뭐라고 말하고 싶어요?

나: ______________________________

3 다음에서 알맞은 단어를 골라 문장을 완성하십시오.

기온 장마 황사 소나기 더위/ 추위 해/ 달/ 별 첫눈 대체로

1) 오늘은 __________ 맑고 따뜻한 하루가 되겠습니다.

2) 한국은 __________이/가 오면 보통 한 달 동안 계속 비가 와요.

3) 학교에 올 때 갑자기 __________이/가 내려서 우산을 하나 샀어요.

4) 오늘은 __________이/가 많이 떨어져서 추운 하루가 될 거라고 했어요.

5) 올해는 날씨가 추워서 작년보다 __________이/가 더 일찍 내릴 거라고 했어.

6) 일기예보에서 __________이/가 심하니까 외출할 때 마스크를 쓰라고 했어.

7) 낮에는 하늘에서 ________을/를 볼 수 있고 밤에는 ________을 볼 수 있어요.

8) 여름에는 __________ 때문에 고생하고 겨울에는 __________ 때문에 고생해요.

4 다음 단어를 넣어서 문장을 만드십시오.

1	불다:
2	끼다:
3	치다:
4	내리다:
5	선선하다:
6	약하다/ 강하다:
7	얼음이 얼다:
8	해/ 달/ 별이 뜨다/ 지다:

5 오늘 선생님께서 학교에서 뭐라고 하셨어요? 다음을 넣어서 쓰십시오.

① -다고 ② -(이)라고 ③ -ㄴ/는다고 ④ -냐고 ⑤ -(으)라고 ⑥ -자고

6 다음을 넣어서 여러분의 부모님께서 하신 이야기를 쓰십시오.

	-(으)라고 하셨어요	-지 말라고 하셨어요
1		
2		
3		

다음을 넣어서 일기예보를 쓰십시오.

날씨 눈 비 바람 구름 천둥 번개 안개 태풍
대체로 맑다 흐리다 내리다 불다 끼다 치다
기온이 올라가다/ 내려가다 해 뜨는 시각 해 지는 시각

-겠습니다
-다가
-다고 하다

제11과 전화 〈1〉

이름: ______________

1 **다음을 넣어서 대화를 완성하십시오.**

① –다고요?	② –(이)라고요?	③ –ㄴ/는다고요?
④ –냐고요?	⑤ –(으)라고요?	⑥ –자고요?

1) 가: 마리아 씨가 한국 사람이에요.
   나: ______________________________

2) 가: 중간시험이 취소되었어요.
   나: ______________________________

3) 가: 지하철이 택시보다 더 빨라요.
   나: ______________________________

4) 가: 왜 모임이 연기되었어요?
   나: ______________________________

5) 가: 학교 앞에서 기다리고 있으니까 빨리 오세요.
   나: ______________________________

6) 가: 언제까지 도착할 수 있어요?
   나: ______________________________

7) 가: 내일 수업 끝난 후에 학교 앞에서 만납시다.
   나: ______________________________

8) 가: 모임 장소가 아마 바뀔 거예요.
   나: ______________________________

2 '-(이)라고 하다' 를 넣어서 다음 질문에 대답하십시오.

1) 가: 이것을 한국말로 뭐라고 해요?

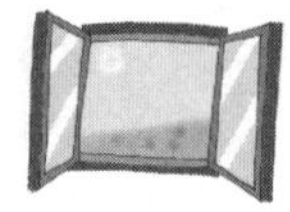

나: ______________________________

2) 가: 이것을 한국말로 뭐라고 해요?

나: ______________________________

3) 가: 이것을 한국말로 뭐라고 해요?

나: ______________________________

4) 가: '학생' 을 여러분 나라의 말로 뭐라고 해요?

나: ______________________________

5) 가: '날씨' 를 여러분 나라의 말로 뭐라고 해요?

나: ______________________________

6) 가: '여름에 한 달 동안 비가 계속 오는 것' 을 한국말로 뭐라고 해요?

나: ______________________________

3 '-(이)라고 하다' 를 넣어서 다음과 같이 자기소개를 하십시오.

1	안녕하세요? 저는 제니 오스몬드**라고 하는데요.**
2	그냥 제니**라고 불러 주세요.**
3	제일 친한 친구는 미국 친구인데 이름은 조셉**이라고 해요.**

1	
2	
3	

4 다음에서 알맞은 단어를 골라 문장을 완성하십시오.

전자사전	계산기	냉장고	세탁기	복사기
문자 메시지	음성 메시지	별명		

1) 제 친구는 너무 착하기 때문에 ___________이/가 천사예요.

2) 단어를 쉽고 빠르게 찾고 싶으면 ___________을/를 사서 쓰세요.

3) 돈을 정확하게 계산하기 위해서 ___________(으)로 다시 해 봤어요.

4) 아까 수업을 듣고 있었기 때문에 네가 보낸 ___________을/를 못 봤어.

5) 집에 ___________이/가 없어서 빨래할 때 너무 힘들고 시간도 많이 걸려.

6) 친구한테 ___________이/가 왔는데 소리가 너무 작아서 들을 수 없었어요.

7) 가지고 온 서류를 저기 있는 ___________에서 복사한 후에 사무실에 내세요.

8) 시장에서 수박을 한 통 사왔는데 너무 커서 ___________에 넣을 수 없어.

5 다음 단어를 넣어서 문장을 만드십시오.

1	부르다:
2	전하다:
3	바꾸다:
4	바뀌다:
5	취소하다:
6	취소되다:
7	연기되다:
8	외출하다:

6 여러분이 요즘 친구나 부모님과 통화한 내용을 쓰십시오.

☎ 친구가 요즘 뭐 하**냐고 했어요**. 저는 공부 때문에 바쁘**다고 했어요**.

☎ 통화한 사람:
☎ 통화한 사람:
☎ 통화한 사람:

친구한테 보내는 음성 메시지나 문자 메시지를 쓰십시오.

제11과 전화 〈2〉

이름: ____________

1 다음과 같이 다른 사람이 한 말을 전해 보십시오.

> 제니: 한솔 씨, 한국말을 가르쳐 주세요.
> ⇒ 제니 씨**가** 한솔 씨**에게** 한국말을 가르**쳐 달라고 했어요**.

1) 은영: 전화번호를 가르쳐 주세요.

⇒ ____________________

2) 제니: 마이클 씨, 청소 좀 해 주세요.

⇒ ____________________

3) 올가: 은영 씨, 10만 원만 빌려 주세요.

⇒ ____________________

4) 요코: 존 씨, 친구를 소개해 주세요.

⇒ ____________________

5) 한솔: 마이클 씨, 이 책을 제니 씨에게 주세요.

⇒ ____________________

6) 성수: 올가 씨, 은영 씨에게 러시아 말을 가르쳐 주세요.

⇒ ____________________

7) 왕정: 야마다 씨, 저녁밥을 사 주세요.

조셉: 야마다 씨, 동생들에게 저녁밥을 사 주세요.

⇒ ____________________

⇒ ____________________

2 '-(어/아) 달라고 하다'를 넣어서 다음 질문에 대답하십시오.

> 가: 그 사람이 무슨 말을 **전해 달라고 했어요**? ("잘 지내고 있어요.")
> 나: 잘 지내고 있**다고 전해 달라고 했어요**.

1) 가: 아이가 뭐라고 했어요? ("우유를 주세요.")

   나: ______________________________

2) 가: 제니 씨에게 무엇을 부탁했어요? ("사진 좀 찍어 주세요.")

   나: ______________________________

3) 가: 제니가 무슨 말을 전해 달라고 했어요? ("내일 학교에 오세요.")

   나: ______________________________

4) 가: 마이클 씨가 무슨 말을 전해 달라고 했어요? ("내일 만납시다.")

   나: ______________________________

3 다음과 같이 문장을 바꿔 쓰십시오.

> 저는 술을 못 마셔요.
> ⇒ 저는 술을 **한** 잔**도** 못 마셔요.

1) 지금 교실에 사람이 없어요.

   ⇒ ______________________________

2) 요즘 부모님께 편지를 안 썼어요.

   ⇒ ______________________________

3) 저는 영국에 안 가 봤어요.

   ⇒ ______________________________

4) 한국에 와서 겨울옷을 안 샀어요.

   ⇒ ______________________________

4 다음에서 알맞은 단어를 골라 문장을 완성하십시오.

메모	연애편지	만화책	소설책
동전	가격	집안일	깜짝

1) __________ 중에서 제가 제일 싫어하는 것은 청소예요.

2) 어제 사진기를 사러 갔는데 __________이/가 너무 비싸서 못 샀어.

3) 사장님께서 돌아오시면 이 __________을/를 좀 전해 주시겠어요?

4) 이 __________은/는 이야기도 재미있고 그림도 예뻐서 인기가 많아요.

5) 커피를 한 잔 마시고 싶은데 지갑에 __________이/가 하나도 없어요.

6) 우리 언니는 독서가 취미이기 때문에 방에 __________이/가 아주 많아요.

7) 내 여동생은 얼굴이 예쁘기 때문에 남자들한테 __________을/를 많이 받아.

8) 바람 때문에 갑자기 교실 문이 닫혀서 수업하다가 __________ 놀랐어요.

5 다음 단어를 넣어서 문장을 만드십시오.

1	급하다:
2	생기다:
3	보여 주다:
4	편리하다:
5	주고받다:
6	후회하다:
7	마음에 들다:
8	부탁을 들어주다:

휴대폰을 살 때 생긴 일을 쓰십시오.

-다고/냐고/자고 하다
-어/아 달라고/주라고 하다
한 -도

제12과 한국 생활 〈1〉

이름: ______________

1 다음을 넣어서 대화를 완성하십시오.

① -(으)ㄹ 줄 알다 / 모르다	② -(으)ㄹ 줄은 알지만 -(으)ㄹ 줄은 모르다

1) 가: 은영 씨, 자전거를 ______________________________?
   나: 아니요, 자전거를 ______________. 아직 타 본 적이 없어요.
2) 가: 한솔 씨, 자동차가 고장났어요. 자동차를 ______________________?
   나: 네, 걱정하지 마세요. 자동차를 ______________________________
3) 가: 제니 씨, 휴대폰으로 문자 메시지를 보낼 수 있어요?
   나: 아니요, (받다(○)/ 보내다(X)) ______________________________
4) 가: 압둘라 씨, 한글을 읽고 쓸 줄 알아요?
   나: 한글을 (읽다(○)/ 쓰다(X)) ______________________________

2 '-(으)로'를 넣어서 다음과 같이 질문에 대답하십시오.

> 가: 침대방하고 온돌방이 있는데 어떤 걸**로 예약하시겠어요**?
> 나: 온돌방**으로 예약해 주세요**.

1) 가: 영화표를 몇 시로 예매했어요?
   나: ____
2) 가: 모임 장소를 어디로 정했어요?
   나: ____
3) 가: 손님, 어떤 휴대폰으로 보여 드릴까요?
   나: ____
4) 가: 손님, 계산해 드리겠습니다. 무엇으로 계산하시겠어요?
   나: ____

3 **'-(었/았)지요' 를 넣어서 다음과 같이 질문에 대답하십시오.**

> 가: 장마 때는 비가 많이 오지요?
> 나: (그렇다) 그렇**죠**. 비 오는 날이 (많다) 많**지요**.

1) 가: 이번 학기에 공부 열심히 하지요?
   나: (물론이다) __________. 열심히 (하다) ____________________
2) 가: 우리 같이 한국 영화를 보러 갈까요?
   나: (좋다) __________. 무슨 영화를 볼까요?
3) 가: 남자는 담배를 피워도 되지만 여자는 담배를 피우면 안 돼요.
   나: (아니다) __________. 누구든지 담배를 피우면 (안 되다) __________
4) 가: 한국말을 잘하려면 어떻게 해야 되지요?
   나: ______________________________

4 **'-(었/았)지요' 를 넣어서 다음과 같이 질문하십시오.**

> 가: 영화가 몇 시에 (시작하다) 시작하**지요**?
> 나: 2시 20분에 시작할 거예요.

1) 가: 오늘 날씨가 (좋다) ____________________?
   나: 네, 정말 좋아요. 날씨가 너무 좋아서 밖에 놀러 가고 싶어요.
2) 가: 어제 저녁에 집에 늦게 (들어가다) ____________________?
   나: 어? 어떻게 알았어요? 어제 친구를 만나서 조금 늦었어요.
3) 가: 한국어 수업이 언제 (끝나다) ____________________?
   나: 오후 1시에 끝나요. 조금 있으면 끝날 거예요.
4) 가: 저기 서 있는 사람이 (누구다)____________________?
   나: 아, 저 분은 우리 한국어 선생님이세요.

5 다음에서 알맞은 단어를 골라 문장을 완성하십시오.

한글 통장 현금 수표 색깔 온돌방 젓가락 금연석/ 흡연석

1) 매달 부모님께서 제 __________(으)로 생활비를 보내 주세요.

2) 지갑에 __________이/가 하나도 없어서 그냥 카드로 계산했어요.

3) 어른들은 호텔에서 잘 때 침대방보다 __________을/를 더 좋아해요.

4) 한국어를 공부하려면 먼저 __________을/를 읽고 쓸 줄 알아야 돼요.

5) 은행에서 등록금을 찾을 때 십만 원짜리 __________(으)로 찾으세요.

6) 반바지를 사러 갔는데 마음에 드는 __________이/가 없어서 안 샀어요.

7) 저는 담배 냄새를 싫어하기 때문에 식당에 가면 꼭 __________에 앉아요.

8) 아직 __________을/를 사용할 줄 몰라서 한국 음식을 먹을 때 힘들어요.

6 다음 단어를 넣어서 문장을 만드십시오.

1	희다:
2	고치다:
3	정하다:
4	선택하다:
5	계산하다:
6	유학하다:
7	설거지하다:
8	입맛에 맞다:

다음을 넣어서 여러분의 유학일기를 써 보십시오.

정하다 결정하다 선택하다	–기로 하다 –(으)로 –(으)ㄹ 줄 알다/모르다

제12과 한국 생활 〈2〉

이름: ______________

1 '-(이)나'를 넣어서 다음과 같이 대화를 완성하십시오.

가: 하루에 잠을 몇 시간**이나** 자요? 나: 일곱 시간쯤 자요.

1) 가: 한 달에 생활비를 ________________ 써요?

   나: 저는 한 달에 생활비를 ________________________________

2) 가: 하루에 커피를 ________________ 마셔요?

   나: 저는 하루에 커피를 ________________________________

3) 가: 청바지가 ________________ 있어요?

   나: 저는 청바지가 ________________________________

4) 가: 숙제할 때 보통 시간이 ________________ 걸려요?

   나: 저는 숙제를 다 끝내려면 보통 ________________________________

5) 가: 집에 한국어 책이 몇 권이나 있어요?

   나: 저는 집에 한국어 책이 ________________________________

6) 가: 여자/남자친구를 ________________ 사귀었어요?

   나: 저는 지금까지 여자/남자친구를 ________________________________

7) 가: 지금 돈을 ________________ 가지고 있어요?

   나: 지금 지갑에 돈이 ________________________________

8) 가: 하루에 텔레비전을 ________________ 봐요?

   나: 하루에 보통 ________________________________

2 다음을 넣어서 질문에 대답하십시오.

① -(으)ㄴ 것 같다	② -는 것 같다	③ -(으)ㄹ 것 같다

1) 가: 내일 한솔 씨가 모임에 올까요?

   나: 한솔 씨가 내일 모임에 ____________________

2) 가: 제니 씨가 왜 오늘 학교에 결석했을까요?

   나: 제니 씨가 어제 ____________________

3) 가: 자미카 씨는 어느 나라 사람이에요?

   나: 잘 모르겠지만 ____________________

4) 가: 존 씨가 이사했을까요?

   나: 잘 모르겠지만 아마 ____________________

5) 가: 내일 친구들하고 롯데월드에 가려고 하는데 괜찮을까요?

   나: 제 생각에는 주말이어서 ____________________

6) 가: 우리 반에서 누가 제일 열심히 공부하는 것 같아요?

   나: 제 생각에는 ____________________

7) 가: 결혼을 언제쯤 하면 좋을 것 같아요?

   나: 제 생각에는 ____________________

8) 가: 우리 반 친구들이 바쁜 것 같아요? 한가한 것 같아요?

   나: ____________________

9) 가: 반 친구들이 어떤 선생님을 좋아하는 것 같아요?

   나: ____________________

3 다음에서 알맞은 단어를 골라 문장을 완성하십시오.

용돈	생활비	교통비	지하철요금	물건값
가구	그릇	반찬	국제결혼	

1) 우리 하숙집은 방값이 비싸기 때문에 달마다 __________이/가 많이 들어요.

2) 한국 사람들은 밥을 먹을 때 __________을/를 아주 많이 먹는 것 같아.

3) 저는 매달 부모님께 __________을/를 30만 원이나 40만 원쯤 받아요.

4) 이번 일에 ________이/가 올라서 지난 달보다 ______이/가 많이 들 것 같다.

5) 점심에 식당에서 밥을 먹다가 실수로 __________을/를 깼어요.

6) 요즘 __________이/가 많이 올라서 뭐든지 다 비싸요.

7) _________을/를 하면 서로 문화가 다르기 때문에 어려움이 있을 것 같아요.

8) 기숙사에 옷장, 침대, 책상이 다 있어서 __________을/를 살 필요가 없어.

4 다음 단어를 넣어서 문장을 만드십시오.

1	기르다:
2	편하다:
3	생활하다:
4	세일하다:
5	유행에 맞다:
6	가지고 있다:
7	유학을 가다/ 오다:
8	값이 오르다/ 내리다:

한국의 물건값이 어떻습니까? 여러분 나라와 어떻게 다른지 써 보십시오.

생활비 교통비 물건값 음식값 옷값 방세 값이 오르다/ 내리다	–(으)ㄴ/는/(으)ㄹ 것 같다 –다고 생각하다/ 느끼다

제13과 이사 〈1〉

이름: ____________

1 **'-부터'를 넣어서 다음과 같이 질문에 대답하십시오.**

> 가: 이제 공부를 시작할까요?
> 나: 커피**부터** 마시고 공부합시다.

1) 가: 학교에서 집에 오면 보통 무슨 일부터 해요?

   나: ______________________________

2) 가: 아침에 선생님을 만나면 무엇부터 해요?

   나: ______________________________

3) 가: 공부하기 전에 무엇부터 해요?

   나: ______________________________

4) 가: 오늘 아침에 일어나서 무엇부터 했어요?

   나: ______________________________

5) 가: 쉬운 일과 어려운 일이 있으면 무엇부터 할 거예요?

   나: ______________________________

6) 가: 결혼할 때 무엇부터 준비해야 돼요?

   나: ______________________________

7) 가: 이사하려면 무엇부터 해야 되지요?

   나: ______________________________

8) 가: 방학에 고향에 돌아가면 무엇부터 하고 싶어요?

   나: ______________________________

2 다음과 같이 한 문장으로 쓰십시오.

모두 갈비를 먹고 싶다고 해요. 하지만 저는 삼겹살을 먹고 싶어요.
⇒ 삼겹살을 먹**으면 안 될까요?**

1) 모두 시장에 가고 싶다고 해요. 하지만 저는 백화점에 가고 싶어요.

⇒ ______________________________

2) 모두 10,000원 짜리를 사라고 해요. 하지만 저는 5,000원 짜리를 사고 싶어요.

⇒ ______________________________

3) 모두 버스로 가고 싶어해요. 하지만 저는 지하철로 가고 싶어요.

⇒ ______________________________

4) 내일까지 숙제를 해 오라고 해요. 하지만 저는 모레까지 할 수 있어요.

⇒ ______________________________

5) 저녁에 학교에서 만나자고 해요. 하지만 저는 커피숍에서 만나면 좋겠어요.

⇒ ______________________________

6) 선생님께서 9시까지 오라고 해요. 하지만 저는 10시까지 가면 좋겠어요.

⇒ ______________________________

7) 친구가 일을 도와 달라고 해요. 하지만 다른 사람한테 부탁하면 좋겠어요.

⇒ ______________________________

8) 전화가 왔는데 바빠서 통화할 수 없어요. 한 시간 후에 통화할 수 있어요.

⇒ ______________________________

9) 아주머니께서 오늘까지 방값을 내라고 해요. 하지만 저는 내일 낼 수 있어요.

⇒ ______________________________

3 다음 보기에서 알맞은 단어를 골라 문장을 완성하십시오.

이삿짐	이삿짐센터	이삿짐 트럭	부동산 소개소
계약서	계약금	보증금	포장이사

1) 지금 사는 집은 ___________에서 소개를 받은 집이에요.

2) ___________이/가 너무 작아서 이삿짐을 다 실을 수 없었어요.

3) 오늘 집주인을 만나서 계약을 하려면 ___________을/를 준비해야 돼요.

4) 바빠서 이사를 할 시간이 없기 때문에 ___________을/를 하기로 했어요.

5) 저는 혼자 살기 때문에 이사할 때 ___________이/가 별로 많지 않았어요.

6) 이삿날 아침에 ___________ 직원들이 일찍 와서 짐을 싸기 시작했어요.

7) 한국말을 모르기 때문에 ___________을/를 쓸 줄 몰라서 친구한테 부탁했어.

8) 학생이어서 큰 돈이 없기 때문에 ___________이/가 없는 집으로 이사해야 돼.

4 다음 단어를 넣어서 문장을 만드십시오.

1	싸다:
2	싣다:
3	풀다:
4	쓸다:
5	닦다:
6	버리다:
7	옮기다:
8	정리하다:

이사해 본 적이 있어요? 다음 단어를 넣어 이사 이야기를 써 보십시오.

부동산 소개소 보증금 계약서 계약금
이삿짐 이삿짐센터 이삿짐 트럭
싸다 옮기다 싣다 풀다
넣다 정리하다 쓸다 닦다

-(으)ㄹ 줄 알다/모르다
-부터
-(으)ㄴ/는/(으)ㄹ 것 같다

제13과 이사 〈2〉

이름: ______________

1 '-네요'를 넣어서 다음과 같이 대화를 완성하십시오.

가: 제 가족사진이에요.
나: 와, 가족이 정말 많**네요**.

1) 가: 저 사람이 제 남자친구예요. 어때요? 멋있죠?
   나: ______________________________

2) 가: 저는 매일 4시간씩 한국어 공부를 해요.
   나: 와, 정말 ______________________________

3) 가: 이 옷 어때요? 어제 백화점에서 30만 원 주고 샀어요.
   나: ______________________________

4) 가: 봄인데 날씨가 너무 춥죠?
   나: 네, ______________________________

5) 가: 오늘 배우는 문법은 좀 어려운 것 같아요.
   나: 그래요. ______________________________

2 '-네'를 넣어서 여러분이 지금 생각하고 있는 것을 쓰세요.

'방이 너무 더럽**네**. 청소 좀 해야겠**네**.'

1	
2	
3	
4	

3 다음을 넣어서 한 문장으로 만드십시오.

① -(으)ㄴ지 알다/모르다 ② -는지 알다/모르다 ③ -(으)ㄹ지 알다/모르다

1) 한솔 씨가 오늘 바빠요? 안 바빠요?/ 몰라요.

⇒ ______________________________

2) 올가 씨 남편이 한국 사람이에요? 아니에요?/ 저도 잘 몰라요.

⇒ ______________________________

3) 마이클 씨가 왜 늦게 왔어요?/ 알고 싶어요.

⇒ ______________________________

4) 은영 씨가 어디에서 아르바이트를 하고 있어요?/ 궁금해요.

⇒ ______________________________

5) 내일 숙제가 있을까요? 없을까요?/ 학생들이 다 알아요.

⇒ ______________________________

6) 성수씨가 언제 새 집을 살까요?/ 아직 모르겠어요.

⇒ ______________________________

7) 존 씨가 이사했어요? 안했어요?/ 궁금해요.

⇒ ______________________________

8) 선생님이 내년에 결혼을 할까요? 안 할까요?/ 아직 몰라요.

⇒ ______________________________

9) 사장님께서 언제 미국에 가셨어요?/ 알아요?

⇒ ______________________________

4 다음에서 알맞은 단어를 골라 문장을 완성하십시오.

위층/ 아래층 안방/ 거실/ 욕실 거리 난방/ 냉방 고시원 원룸 반지하방 전세/ 월세

1) 우리 집은 학교에서 10분 __________에 있으니까 걸어서 가도 돼요.

2) __________은/는 방은 작지만 침대, 책상, 옷장이 다 있어서 편해요.

3) 우리 집은 __________이/가 좁아서 큰 소파를 놓을 수 없어요.

4) __________은/는 방과 부엌이 따로 있지 않고 한 방에 같이 있어요.

5) 우리 집 __________에 식당이 있어서 밤늦게까지 시끄러워요.

6) __________은/는 방세는 싸지만 지하에 있으니까 건강에 안 좋을 것 같아.

7) 매달 주인에게 방세를 내는 것은 __________이/가 아니라 __________예요.

8) __________이/가 안 돼서 방이 너무 추운데 어떻게 해야 할지 모르겠어요.

5 다음 단어를 넣어서 문장을 만드십시오.

1	밝다:
2	어둡다:
3	빌리다:
4	궁금하다:
5	계약하다:
6	냄새가 나다:
7	물이 나오다:
8	도둑이 들어오다:

여러분이 지금 사는 집의 좋은 점과 나쁜 점을 써 보십시오.

기숙사 하숙집 아파트 고시원 원룸 방세 전세 월세 보증금 ____(분/시간) 거리 냉방/난방이 잘 되다	-(으)ㄴ/는/(으)ㄹ 것 같다 -(으)ㄴ/는/(으)ㄹ지 알다/모르다 -다고/냐고/라고/자고 한다

제14과 휴일 〈1〉

이름: ______________

1 **두 단어를 골라서 다음과 같이 알맞은 문장을 만드십시오.**

(올챙이 → 개구리) 올챙이**가** 개구리**가 되었어요.**

어른	개	말	소	닭
송아지	망아지	병아리	강아지	아이

1) (→) ______________________

2) (→) ______________________

3) (→) ______________________

4) (→) ______________________

5) (→) ______________________

2 **다음을 넣어서 문장을 완성하십시오.**

1) 여름이 되어서 ______________________

2) 3월이 되었지만 ______________________

3) 스무 살이 된 후에 ______________________

4) 친구가 되고 싶으면 ______________________

5) 대학생이 되기 위해서 ______________________

6) 부모가 되면 ______________________

3 '-었/았다가' 를 넣어서 다음과 같이 한 문장으로 만드십시오.

> 학교에 갔다 + 몸이 아파서 그냥 집에 돌아왔다
> ⇒ 학교에 **갔다가** 몸이 아파서 그냥 집에 **돌아왔어요**.

1) 여권을 잃어버렸다 + (그 여권을 다시) 찾았다

⇒ ______________________________

2) 금반지를 샀다 + 돈이 없어서 (그 금반지를) 어제 팔았다

⇒ ______________________________

3) 청바지를 입었다 + 불편해서 (그 청바지를 다시) 벗었다

⇒ ______________________________

4) 창문을 열었다 + 바람이 불어서 (그 창문을 다시) 닫았다

⇒ ______________________________

4 '하도 -어/아서' 를 넣어서 다음 질문에 답하십시오.

1) 가: 어제 왜 학교에 안 왔어요?

나: ______________________________

2) 가: 무슨 좋은 일 있어요? 아까부터 왜 계속 웃고 있어요?

나: ______________________________

3) 가: 어제 하루종일 전화를 기다렸는데 왜 전화 안 했어?

나: ______________________________

4) 가: 오늘 왜 그렇게 옷을 많이 입고 왔어요?

나: ______________________________

5) 가: 왜 그렇게 그 사람을 싫어해요?

나: ______________________________

6) 가: 시험을 왜 그렇게 못 봤어요?

나: ______________________________

5 다음에서 알맞은 단어를 골라 문장을 완성하십시오.

휴일 연극 공연 연인 시내
돌계단 최근 그냥

1) 내일은 ___________이어서 쉬니까 학교에 가지 않고 놀러 갈 거예요.

2) 남산에 갈 때 ___________을/를 많이 걸어서 올라가야 하니까 다리가 아파.

3) 동물원에 갔다가 문이 닫혀서 구경도 못 하고 ___________ 집에 왔어요.

4) ___________은/는 배우들을 바로 눈 앞에서 볼 수 있어서 영화보다 재미있어.

5) 전에는 방학마다 여행을 갔는데 ___________에는 바빠서 한 번도 못 갔어.

6) 휴일에 공원에 가면 손을 잡고 걸어가는 ___________들을 많이 볼 수 있어.

7) 서울에 오래 살았으니까 서울 ___________은/는 어디든지 찾아갈 수 있어.

8) 유명한 가수의 ___________을/를 보러 갔는데 사람이 하도 많아서 못 봤어.

6 다음 단어를 넣어서 문장을 만드십시오.

1	좁다:
2	젊다:
3	벗다:
4	찢다:
5	할인되다:
6	산책하다:
7	꽃이 피다:
8	한 눈에 보다:

한국에서 가 본 유명한 곳을 소개해 보십시오.

-이/가 되다
-었/았다가
하도 -어/아서

제14과 휴일 〈2〉

이름: ______________

1 다음과 같이 두 문장을 한 문장으로 만드십시오.

도서관에서 책을 빌렸다 + 그 책을 읽었다 ⇒ 도서관에서 책을 빌**려 가지고** 읽었어요.

1) 선물을 샀다 + (그 선물을) 부모님께 드렸다

⇒ ____________________

2) 편지를 썼다 + (그 편지를) 고향에 보냈다

⇒ ____________________

3) 은행에서 돈을 찾았다 + (그 돈을 가지고) 여행을 갈 거다

⇒ ____________________

4) 착하고 멋있는 남자를 만날 거다 + (그 남자하고) 결혼할 거다

⇒ ____________________

5) 돈을 벌 거다 + 세계여행을 할 거다

⇒ ____________________

6) 침대에 눕다 + 책을 읽고 있다

⇒ ____________________

2 '하도 -어/아 가지고'를 넣어서 다음과 같이 문장을 만드십시오.

1	배가 고프다	**하도** 배가 고**파 가지고** 밥을 많이 먹었어요.
2	목이 마르다	
3	배가 부르다	
4	덥다/ 춥다	
5	맛있다/ 맛없다	

3 '-(이)나' 나 '-밖에' 중에서 하나를 골라 맞게 쓰십시오.

1) 가: 공항에 가는데 시간이 많이 걸렸어요?

나: 아니에요. 교통이 복잡하지 않아서 30분________ 안 걸렸어요.

2) 가: 저는 여자친구가 세 명 있어요.

나: 뭐라고요? 세 명________ 있다고요? 조금 힘드시겠어요.

3) 가: 저는 이번 달에 용돈을 칠십만 원 썼어요.

나: 네? 칠십만 원________요? 그렇게 많이 썼어요?

4) 가: 지금 지갑에 돈이 얼마나 있어요?

나: 어제 쇼핑을 해서 지금 딱 차비________ 없어요.

5) 가: 어제는 설날이어서 떡국을 세 그릇 먹었어요.

나: 와, 세 그릇________ 먹었어요? 배탈이 나지 않았어요?

4 '-(이)나' 나 '-밖에'를 넣어서 자신의 생각을 쓰십시오.

1) 가: 저는 한 달에 용돈을 30만 원쯤 써요.

나: ____

2) 가: 어제 시험공부 때문에 다섯 시간쯤 잤어요.

나: ____

3) 가: 저는 일주일에 두 번쯤 술을 마셔요.

나: ____

4) 가: 설악산에 갔다 왔는데 돈이 10만 원쯤 들었어요.

나: ____

5) 가: 지난 달에 아르바이트를 했는데 월급을 120만 원 받았어요.

나: ____

5 다음에서 알맞은 단어를 골라 문장을 완성하십시오.

공휴일	연휴	명절	추석	음력/ 양력
어린이날	어버이날	스승의 날		

1) 하루가 아니라 며칠 동안 계속해서 쉬는 날을 __________(이)라고 해요.

2) 크리스마스는 __________(이)니까 사람들이 모두 일하지 않고 쉬어요.

3) __________은/는 나를 낳아 주시고 길러 주신 부모님께 감사드리는 날이야.

4) 5월 15일은 __________인데 그동안 가르쳐 주신 선생님께 감사드리는 날이야.

5) 어린이들을 위해 만들어진 날을 __________(이)라고 하는데 5월 5일이야.

6) 한국의 설날은 __________ 1월 1일이 아니라 __________ 1월 1일이에요.

7) 설날은 한국에서 제일 큰 __________(이)니까 사람들이 모두 고향에 가요.

8) 한국에서 설날에는 떡국을 먹고 __________에는 송편을 먹어요.

6 다음 단어를 넣어서 문장을 만드십시오.

1	남다:
2	뜨겁다:
3	세배하다:
4	화를 내다:
5	말이 없다:
6	나이를 먹다:
7	소풍을 가다:
8	소개를 받다:

다음을 넣어서 여러분 나라의 명절을 소개해 보십시오.

명절 연휴 설날 추석 양력 음력	-이/가 되다 -어/아 가지고 -(이)나 -밖에 하도 -어/아서 -었/았다가

제15과 공항 〈1〉

이름: ____________

1 다음과 같이 두 문장을 한 문장으로 만드십시오.

> 비빔밥이 맛있어요. 그렇지만 조금 매워요.
> ⇒ ① 비빔밥이 맛있**기는 하지만** 조금 매워요.
> ⇒ ② 비빔밥이 맛있**기는 맛있지만** 조금 매워요.

1) 오늘 눈이 와요. 그렇지만 춥지 않아요.

⇒ ① ____________________

⇒ ② ____________________

2) 배가 무척 고파요. 그렇지만 참을 수 있어요.

⇒ ① ____________________

⇒ ② ____________________

3) 그 사람이 너무 마음에 들어요. 그렇지만 애인이 있어요.

⇒ ① ____________________

⇒ ② ____________________

4) 시험이 어려웠어요. 그렇지만 잘 봤어요.

⇒ ① ____________________

⇒ ② ____________________

5) 택시를 타고 공항에 갔어요. 그렇지만 출발 시간에 늦어서 비행기를 못 탔어요.

⇒ ① ____________________

⇒ ② ____________________

2 다음을 넣어서 문장을 만드십시오.

① -뿐이에요	② -뿐이었어요

1) 제가 만들 수 있는 요리는 ______________________

2) 지금 저한테 남은 돈은 ______________________

3) 제가 싫어하는 동물은 ______________________

4) 한국에서 가 보고 싶은 곳은 ______________________

5) 제가 사랑하는 사람은 ______________________

6) 제가 부를 수 있는 한국 노래는 ______________________

7) 제가 잘하는 집안일은 ______________________

8) 우리 반에서 제가 좋아하는 사람은 ______________________

3 '-(으)ㄹ 뿐이다'를 넣어서 다음 질문에 대답하십시오.

1) 가: 이 음식이 그렇게 맛있어요? 아주 맛있게 먹네요.

나: (배가 고프니까 그냥 먹다) ______________________

2) 가: 그 일 때문에 많이 화났어요?

나: 아니에요, (기분이 조금 안 좋다) ______________________

3) 가: 그 남자/여자를 정말 사랑하세요?

나: 아니에요, (심심해서 만났다) ______________________

4) 가: 왜 이렇게 술을 많이 마셨어요?

나: 많이 안 마셨어요. (딱 한 잔만 마셨다) ______________________

4 다음에서 알맞은 단어를 골라 문장을 완성하십시오.

국내선/ 국제선	입국수속/ 출국수속	탑승구	수하물
____발 ____행	왕복/ 편도	면세점	좌석

1) 유학 오기 전에 짐을 소포로 다 보냈기 때문에 __________이/가 많지 않아.

2) 서울에서 부산에 가려면 서울_________ 부산_______ 비행기를 타면 돼요.

3) 한국에 들어올 때는 __________을/를 하고 나갈 때는 _________을/를 해요.

4) 15일 후에 돌아올 거니까 비행기표를 _________(으)로 예매해 주세요.

5) __________은/는 비싼 물건을 싸게 팔기 때문에 공항에 갈 때마다 들러요.

6) 일본에 가는 비행기에 남은 __________이/가 하나도 없어서 표를 못 샀어.

7) 내가 탈 비행기의 __________이/가 어디인지 몰라서 비행기를 못 탈 뻔했어.

8) 제주도에 갈 때는 _________을/를 타고 중국에 갈 때는 _________을/를 타요.

5 다음 단어를 넣어서 문장을 만드십시오.

1	입국하다:
2	출국하다:
3	수속하다:
4	탑승하다:
5	확인하다:
6	표를 끊다:
7	밥맛이 없다:
8	정신이 없다:

비행기표를 예매할 때나 공항을 이용할 때 생긴 일에 대해서 쓰십시오.

국제선	국내선	입국수속	출국수속
___발 ___행	일반석	비즈니스석	좌석
수하물	탑승구	탑승하다	표를 끊다

-기는 하지만
- 뿐이다
-(으)ㄹ 뿐이다

제15과 공항 〈2〉

이름: ______________

1 다음을 넣어서 두 문장을 한 문장으로 만드십시오.

① -뿐만 아니라 -도	② -(으)ㄹ 뿐만 아니라 -도

1) 제 친구는 농구를 잘해요. 그리고 축구도 잘해요.

⇒ ______________________________

2) 저는 말하기가 어려워요. 그리고 듣기도 어려워요.

⇒ ______________________________

3) 초급 2반은 단어가 많아요. 그리고 문법도 초급 1반보다 복잡해요.

⇒ ______________________________

4) 외국에 살면 새로운 경험을 할 수 있어요. 그리고 친구도 많이 사귈 수 있어요.

⇒ ______________________________

2 '-었/았을 뿐만 아니라 -도'를 넣어서 다음 질문에 답하십시오.

1) 가: 비행기를 오래 타서 힘들었죠?

나: 네, ______________________________

2) 가: 제주도 여행은 어땠어요?

나: ______________________________

3) 가: 그동안 한국생활이 어땠어요?

나: ______________________________

4) 가: 이번 학기 한국어 수업이 어땠어요?

나: ______________________________

3 다음을 넣어서 빈칸에 알맞게 쓰십시오.

① ~ 때문에 ② ~ 덕분에

1) 가: 왜 이렇게 늦게 왔어요?

   나: 미안해요. 비 ________ 길이 많이 막혔어요.

2) 가: 어떻게 이렇게 시험을 잘 봤어요?

   나: 사실은 친구 ________ 시험을 잘 볼 수 있었어요.

3) 가: 왜 어제 그렇게 술을 많이 마셨어요?

   나: 저는 안 마시려고 했는데 친구 ________ 많이 마셨어요.

4) 가: 한국에서 사는 것이 힘들었지요?

   나: 친절한 한국 사람들 ________ 그렇게 힘들지 않았어요.

5) 가: 비행기에서 불편한 것은 없었어요?

   나: 네, 없었어요. 승무원들 ________ 아주 편하게 왔어요.

4 한국생활을 쉽게 할 수 있게 도와준 다섯 사람을 골라 써 보십시오.

	덕분에	-(으)ㄹ 수 있었어요
1	부모님 **덕분에**	한국에 올 수 있었어요.
2		
3		
4		
5		
6		

5 다음 보기에서 알맞은 단어를 골라 문장을 완성하십시오.

항공사 승무원 비즈니스석/ 일반석 공항버스 추억 송별회 안부 멀리

1) 고향에 있는 친구들에게 __________을/를 전해 달라고 했어요.

2) 비행기 __________이/가 되고 싶으면 외국어 공부를 열심히 하세요.

3) 공항에 갈 때 __________을/를 이용하면 빠르고 편하게 갈 수 있어요.

4) 아버지께서 __________에서 일하고 계셔서 비행기표를 싸게 살 수 있어.

5) 친구가 다른 도시로 __________ 이사를 갔기 때문에 자주 만날 수 없어요.

6) 유학하는 동안 많은 사람들과 잊지 못할 많은 __________을/를 만들었어요.

7) 한국어 공부를 끝내고 고향에 돌아가는 친구를 위해 __________을/를 해요.

8) __________은/는 __________ 보다 비싸지만 자리도 넓고 의자도 편안해요.

6 다음 단어를 넣어서 문장을 만드십시오.

1	그립다:
2	구하다:
3	환전하다:
4	편안하다:
5	성격이 밝다:
6	생각이 깊다:
7	손을 흔들다:
8	따라가다/ 따라오다:

유학 생활을 하는 동안 도움을 준 분들에게 감사의 글을 써 보십시오.

-뿐만 아니라 -도
-(으)ㄹ 뿐만 아니라 -도
~ 덕분에 -(으)ㄴ 덕분에

집필

이유미
현 한양대학교 국제어학원 교수
문학박사, 이화여자대학교 대학원 영어영문학과
한양대학교 및 교육대학원 한국어교육 강의
《한양 한국어 1, 2, 5》(공저)

이영숙
현 한양대학교 국제어학원 교수
문학박사, 상명대학교 대학원 국어국문학과
국제한국어교육학회, 한국언어문화교육학회 연구이사
《한양 한국어 1, 2》(공저), 《한국어교육의 이해》(공저)

조자현
현 한양대학교 국제어학원 강사
박사수료, 한양대학교 대학원 국어국문학과
한양대학교 및 상명대학교 한국어교육 강의

한양 한국어 2

쓰기 연습

한양대학교 국제어학원 편

초판 1쇄 발행 2008년 6월 18일 · **초판 6쇄 발행** 2017년 3월 30일
발행인 이영무 · **발행처** 한양대학교출판부
주소 서울 성동구 왕십리로 222 · **전화** 02.2220.1432-4 · **팩스** 02.2220.1435
홈페이지 press.hanyang.ac.kr · **이메일** presshy@hanyang.ac.kr
출판등록 제4-7호(1972.2.29) · **인쇄** 네오프린텍

값 8,000원

ISBN 978.89.7218.341.9 (04710)
ISBN 978.89.7218.339.6 [세트]